AF742652

# Conócete, Quiérete, Libérate

Ylich Tarazona

Published by Ylich Tarazona, 2025.

CONÓCETE, QUIÉRETE, LIBÉRATE

**First edition. February 24, 2025.**



ISBN: 979-8232455897

Written by Ylich Tarazona.

# Tabla de Contenido

Este libro está dedicado a todas las personas que han sentido el peso de no ser suficientes, que han luchado en silencio contra sus propias inseguridades y que hoy deciden emprender el viaje más importante: el de volver a sí mismos. A ti, que buscas sanar, amarte y liberarte. Este es tu momento.

"El amor propio no es egoísmo. Es el primer acto de valentía." - Ylich Tarazona

"Conocerse a uno mismo es el principio de toda sabiduría." - Aristóteles

# Conócete, Quiérete, Libérate

**Un viaje hacia el autodescubrimiento y la sanación emocional**

*Herramientas prácticas para sanar tus heridas, fortalecer tu autoestima y construir una vida más auténtica*

**¿Alguna vez te has preguntado quién eres realmente?** Nos pasamos la vida huyendo de nuestros pensamientos, esquivando las emociones y evitando mirar hacia nuestro interior. Nos llenamos de ruido para no escuchar esa voz interna que tantas veces nos critica, nos juzga y nos señala. Sin embargo, ¿y si te dijera que dentro de ti hay alguien que merece "ser escuchado", comprendido y amado?

**"Conócete, Quiérete, Libérate"** no es un libro más, es una conversación íntima y honesta contigo mismo. Una oportunidad para dejar de huir de ti y empezar a abrazarte. Un refugio en forma de palabras que te invita a reconciliarte con quién eres, con tus sombras y tus luces, con tus inseguridades y fortalezas, con cada parte de ti que has estado ignorando o castigando en silencio durante tanto tiempo.

**Este libro**, te guiara con cariño, valentía y autenticidad en un poderoso viaje de autodescubrimiento. A través de las experiencias, conocimientos y vivencias personales, el autor te invita a recorrer un camino que, aunque difícil en algunos momentos, es profundamente liberador y transformador.

**En este libro aprenderás a:**

- *Gestionar tus emociones más difíciles con amor y empatía.*
- *Identificar y poner límites saludables en tus relaciones.*
- *Dejar ir aquello que te hace daño, abrazando tus duelos y pérdidas con valentía.*
- *Descubrir quién eres en realidad, más allá de lo que la sociedad o tu pasado te hayan hecho creer.*
- *Cultivar una sana autoestima y una sólida autoaceptación.*

- *Crear relaciones más sanas y auténticas contigo mismo y con los demás.*

Si alguna vez te has sentido **perdido**, **inseguro**, atrapado en tus propios pensamientos o en relaciones que te hacen daño; si anhelas vivir con **auténtica libertad**, **paz interior** y **amor propio**, entonces **este libro es para ti**. Porque **no existe mayor acto de valentía** que pararte frente al espejo, mirarte a los ojos y decirte con profunda convicción: *"**Conócete, quiérete, libérate.**"*

Permítete leer este libro, y comienza la conversación más importante de tu vida: la que tendrás contigo. **Te lo debes, te lo mereces. Y este es tu momento.**

*3.ª Edición especial revisada, actualizada y extendida.*

# YLICH TARAZONA

Escritor y Conferencista

# DERECHO DE AUTOR

Esta obra «***Conócete, Quiérete, Libérate.*** *Un viaje hacia el autodescubrimiento y la sanación emocional*» es propiedad intelectual de **YLICH TARAZONA.**



*Fecha de Publicación: **9 enero 2025 19:57 UTC.***

*Para más información del Autor Visita:*

*https://ylichtarazona.com/*

# INTRODUCCIÓN

***Estimado lector, esta es tu historia***

¿Sabes qué? A veces, las personas que parecen más felices son, en realidad, las que más heridas llevan por dentro. Aquellas que más sonríen suelen ser las que han derramado más lágrimas en silencio. No sé cuál es tu historia, pero puedo imaginarla. Puedo imaginar esas cicatrices invisibles, esos silencios que gritan, esos días grises en los que te levantas y te preguntas: *«¿Por qué duele tanto?»*

Y lo sé, porque yo también he estado ahí. He caminado por esos senderos oscuros, cargando miedos, culpas, inseguridades y una voz interna que no se cansa de juzgar y destruir. Por eso, estoy aquí contigo. Porque este libro que sostienes en tus manos no es solo un conjunto de palabras bonitas: es un pedazo de mi vida, de mis aprendizajes, de mi esencia como psicólogo, como persona y, sobre todo, como un ser humano imperfecto que ha aprendido a sanar sus propias heridas y que ahora quiere ayudarte a hacer lo mismo.

**Este libro es para ti si alguna vez has sentido**

- *Que tu peor enemigo eres tú mismo, con una voz interna que nunca calla.*
- *Que tus emociones te sobrepasan y no sabes cómo manejarlas.*
- *Que necesitas conocerte más, aceptarte tal y como eres y tratarte con más amor.*
- *Que decir no, poner límites y priorizarte te resulta complicado.*
- *Que te cuesta avanzar porque no sabes hacia dónde dirigirte o porque temes no lograr tus sueños.*
- *Que vives intentando agradar a los demás, olvidando a la persona más importante: tú mismo.*
- *Que estás cansado de frases vacías, de la positividad tóxica y de sentirte culpable por no cumplir con las expectativas ajenas o las tuyas propias.*

**¿Qué aprenderás aquí?**

Este libro será tu compañero de viaje hacia tu yo interior, un manual que te guiará a través de los rincones más profundos de tu ser. Aquí aprenderás a:

- *Dominar esa voz crítica que te atormenta y enseñarla a hablarte con respeto y comprensión.*
- *Entender y gestionar tus emociones para que trabajen a tu favor y no en tu contra.*
- *Conocerte de verdad, sin máscaras ni etiquetas, abrazando tanto tus luces como tus sombras.*
- *Establecer límites saludables, proteger tu paz interior y evitar que otros o tú mismo te hagan daño.*
- *Aceptar que la perfección no existe y que tus heridas y tropiezos forman parte de tu historia.*
- *Construir relaciones sanas, rodeándote de personas que sumen a tu vida.*
- *Diseñar una vida más auténtica y plena, basada en la honestidad, el respeto y el amor hacia ti mismo.*

**Un libro escrito con el corazón**

Voy a ser sincero contigo: este libro no es una fórmula mágica que cambiará tu vida de la noche a la mañana. No te haré promesas vacías. La vida no es perfecta. Está llena de altibajos, de momentos extraordinarios y días difíciles.

Lo que sí puedo asegurarte es que cada página se ha escrito desde el corazón. No solo desde mi experiencia profesional como psicoterapeuta, sino también desde mis vivencias más personales. Detrás de cada palabra hay horas de reflexión, noches de dudas y aprendizajes forjados en mi propio camino y en el de muchas personas a las que he acompañado.

Este libro es una conversación íntima, un espacio donde compartiré contigo tanto mis conocimientos como mis heridas. Porque sí, los psicólogos también cargamos con nuestras propias batallas. Y, a veces, son esas mismas heridas las que nos enseñan más que cualquier teoría.

**Mi promesa contigo**

Al terminar estas páginas, no serás la misma persona. Quizá no todo cambie de inmediato, pero sí cambiará tu forma de verte, de relacionarte con los demás y de enfrentarte a la vida. Aprenderás a ser más compasivo contigo mismo, más amable y, sobre todo, más fuerte.

Porque la verdadera fortaleza no está en no caer nunca, sino en saber levantarse después de cada caída.

**Cómo leer este libro**

Te invito a leerlo con calma, sin prisas. Subráyalo, toma notas, haz pausas cuando lo necesites. Este libro no es una meta que debes alcanzar rápidamente, sino un viaje hacia tu interior.

En algunos momentos, puede que te sientas incómodo o vulnerable. Y está bien. Es ahí donde ocurre el cambio y el crecimiento. Permítete sentir: llorar, reír, enojarte, emocionarte todo es parte del proceso. Este libro es tuyo. Vívelo y siéntelo como tal.

**Un viaje extraordinario**

Estás a punto de iniciar un viaje hacia el lugar más maravilloso que existe: *tú mismo.*

Prepárate para recorrer este camino con la mente abierta y el corazón dispuesto. Porque el viaje más importante de tu vida no es hacia un destino lejano, sino hacia tu propia esencia.

Antes de empezar, quiero darte las gracias. Gracias por confiar en mí, por permitirme acompañarte, por regalarme la oportunidad de crecer juntos.

**¿Estás listo?**

Entonces, respira hondo, siente cómo tu corazón late y recuerda algo fundamental: *todo lo que necesitas para recorrer este camino ya está dentro de ti.* Solo tienes que descubrirlo. Y este libro te guiará en el proceso.

# PREFACIO DEL AUTOR

Hubo un tiempo en mi juventud en el que, cada vez que alguien hablaba sobre la importancia de *conocerse a sí mismo*, honestamente, no entendía nada. Incluso llegué a pensar que era una idea absurda. Me decía a mí mismo: *«Si llevo más de veinte años conviviendo conmigo, ¿qué más podría descubrir? ¿De verdad queda algo nuevo por conocer en mí? ¿Acaso hay algo dentro de mí que aún pueda sorprenderme?»*

Y, para ser sincero, jamás comprendí a esas personas que se iban de viaje para *"encontrarse a sí mismas"*. En mi cabeza, aquello no era más que una excusa para huir de su pasado. Pensaba: *«¿No sería más fácil asumir que simplemente quieren escapar? Quizá eso de 'conocerse' es solo una frase para sonar más profundo»*.

Durante mucho tiempo, creí en esa idea... hasta que la vida, con sus giros inesperados, me mostró una realidad muy distinta. Sin buscarlo ni esperarlo, algo en mi interior comenzó a cambiar. No lo entendía al principio, pero con el tiempo se hizo evidente, hasta que finalmente tuve que aceptarlo.

**El punto de quiebre**

La vida me puso frente a una crisis personal tan intensa que llevó mi salud mental y emocional al límite. Un camino doloroso, complejo y, sobre todo, profundamente desafiante.

Ojalá hubiera manejado las cosas de otra manera. Ojalá hubiera sido más paciente y compasivo conmigo mismo. Pero, aunque fue un proceso difícil, aprendí algo invaluable: en medio de la tormenta descubrí fortalezas que ni siquiera sabía que tenía.

Porque, a pesar de todo, logré salir adelante. Y entendí algo fundamental: esas situaciones extremas tienen el poder de revelarnos quiénes somos en realidad. Nos muestran la importancia de cuidarnos y valorarnos más que nunca.

Sí, aprendí muchísimo en el proceso. Pero seamos honestos: es más fácil culpar a las circunstancias o a los demás que asumir la responsabilidad de nuestra propia vida.

Porque, aunque nos cueste aceptarlo, la verdadera libertad llega cuando dejamos de buscar culpables y nos hacemos cargo de nuestras decisiones.

No es sencillo, lo sé. Requiere valentía, humildad y coraje mirarse al espejo y decir: *«Mi vida es mía, y depende de mí lo que haga con ella»*. Pero créeme, ese es el paso más liberador que podemos dar.

Cuando decides hacerte cargo de ti mismo, descubres que dentro de ti hay una fuerza extraordinaria. Porque, aunque asumir la responsabilidad da miedo, también es el primer paso hacia una vida auténtica, libre y plena.

**El verdadero significado de conocerse**

Fue en ese momento oscuro y difícil, cuando la vida no me dejó otra alternativa, que finalmente comprendí lo que significa *conocerse a sí mismo*.

Fue justo ahí, cuando tuve que detenerme y escuchar mi voz interior, que acepté con dificultad que algo no andaba bien en mi vida.

Claro que, en este proceso, no faltaron personas tóxicas que complicaban las cosas. Tampoco puedo olvidar a mi fiel compañera: la ansiedad. Al principio, la rechacé con todas mis fuerzas. Pero hoy, con total honestidad, debo reconocer que incluso le tengo cierto cariño.

Porque, aunque fue dolorosa y difícil, literalmente me abrió los ojos. Me obligó a ver lo que antes me negaba a percibir.

Y es que, a veces, nuestros mayores desafíos son también nuestros mejores maestros.

Hoy sé que, detrás de esa ansiedad, había un mensaje importante esperándome. Gracias a ella, pude descubrirme, comprenderme y valorarme como nunca lo había hecho.

**El poder del dolor y la importancia de escucharnos**

Porque sí, a veces el dolor nos sobrepasa tanto que no sabemos ni por dónde empezar a gestionarlo. Todo parece ir mal, todo duele, nada nos sienta bien y, de repente, el mundo se convierte en un lugar hostil, gris e inhóspito.

Sentimos que hemos fracasado y que nunca saldremos de ahí.

Y lo más peligroso del dolor es que nos ciega. Poco a poco, nos convence de que somos culpables, alimentando nuestra frustración, nuestros miedos y nuestra culpa. Nos hace creer que no somos suficientes, que estamos destinados a sufrir y, lo peor de todo, que merecemos ese sufrimiento.

Pero el dolor es un mentiroso. Nos engaña. Y yo estoy aquí, en este mismo instante, confesándote con total sinceridad que, con apenas una página escrita, ya estoy soltando mis primeras lágrimas.

Imagínate cómo estaré cuando termine este libro.

Por eso, cuando el dolor nos ciega, es fundamental aprender a *escuchar*... pero no al exterior, sino a nosotros mismos.

Nuestro cuerpo nos habla todo el tiempo, aunque muchas veces no lo notemos:

- ***¿Dónde me duele?***
- ***¿Cuándo me duele?***
- ***¿Por qué duele tanto?***
- ***¿Desde cuándo me duele?***
- ***Y mi favorita: ¿qué tendría que pasar para que dejara de doler?***

Es ahí donde debemos detenernos y preguntarnos qué necesitamos cambiar para empezar a sentirnos mejor con nosotros mismos.

**Este libro no pretende darte todas las respuestas**

No voy a prometerte que este libro te solucionará la vida.

Eso sería ingenuo e irrespetuoso.

Un libro puede abrirte los ojos, enseñarte algo nuevo, emocionarte profundamente o, incluso, ser ese pequeño empujón que tanto necesitas.

Pero ningún libro puede cambiarte por arte de magia.

El verdadero cambio viene de ti, de tu valentía, de tu compromiso contigo mismo y de las acciones concretas que elijas tomar.

Mi única intención es acompañarte en este viaje, brindarte una nueva perspectiva y recordarte que no estás solo.

**Asumir nuestra responsabilidad sin culparnos**

Y no, no voy a decirte la típica frase de *«solo tú puedes hacerlo»*, porque eso no es del todo cierto.

Existen circunstancias que nos marcan, que nos dejan heridas profundas, que nos tumban con tal fuerza que creemos que nunca podremos levantarnos.

Es importante entender que no todo lo malo que nos pasa es nuestra culpa, ni todo lo bueno que logramos es solo mérito nuestro. La vida es más compleja que eso.

Pero dado que no podemos controlar todo lo que sucede, ¿qué tal si enfocamos nuestra energía en lo que sí está en nuestras manos?

Ahí radica nuestro verdadero poder: en cómo respondemos, en cómo nos tratamos a nosotros mismos y en cómo decidimos vivir a partir de hoy.

**La calidad de tu vida depende de cómo te hablas a ti mismo**

Ahora bien, ¿por qué pasamos tanto tiempo atrapados en conversaciones internas dañinas?

¿Por qué nos atormentamos con pensamientos que solo nos generan ansiedad?

Y, en cambio, ¿qué poco hablamos con nosotros mismos de manera respetuosa y empática?

Es momento de cambiar eso.

Hablarte bien, con honestidad y respeto, no es un cliché. Es el primer paso hacia una vida más sana y auténtica.

Porque la forma en la que te hablas a ti mismo define enormemente la calidad de vida que tendrás.

Así que empieza a caminar hacia ese *yo* más libre, más auténtico y feliz que está esperándote.

Este viaje es tuyo.

Disfrútalo, aprende, crece y recuerda: **nunca estarás solo**.

Yo estaré aquí contigo.

**Sin más preámbulos, ¡comencemos!**

# PRIMER CAPÍTULO: UNA MIRADA AL PASADO

## Primera Parte: Errores Que Cometemos Y La Culpa Que Eso Conlleva

Muchas veces, al mirar hacia atrás, sentimos vergüenza o incomodidad por lo que fuimos. Echamos la vista atrás y pensamos: *«¿Cómo pude hacer aquello?»*, *«¿En qué estaba pensando?»* o *«¿De verdad fui así?»*. Incluso, hay noches en que nos vamos a dormir más tarde de lo planeado porque **nuestro cerebro decide hacer un recorrido detallado de todas las tonterías que hemos cometido en nuestra vida.**

Nos preguntamos si aquellos que fueron testigos aún lo recuerdan, y si eso habrá cambiado para siempre la forma en que nos ven ahora. Nos torturamos pensando que somos los únicos que han metido la pata tan profundamente, juzgando **nuestros errores** con una severidad que nunca aplicamos a **los errores ajenos.** Pero déjame decirte algo importante: **nadie es el bueno en todas las historias que cuenta.**

Una parte fundamental de madurar es aceptar que también hemos fallado, que también nosotros, aunque sea sin intención, hemos causado dolor a alguien. Ahora bien, esto **no nos convierte en malas personas**, ni nuestros errores son imperdonables. **Todos, absolutamente todos, hemos cometido errores y nos hemos sentido culpables en silencio por cosas que hicimos o dijimos.**

¿Sabes qué sucede cuando no nos perdonamos esos errores? Se convierten en un peso constante, como **una mochila llena de piedras que cargamos cada mañana al levantarnos.**

**¿Qué podemos hacer entonces con esos errores del pasado?**

- **Pedir disculpas.** Si sentimos que debemos disculparnos con alguien,

hacerlo es **un acto valiente y sanador**. Pero pedir disculpas no solo significa decir «*lo siento*»; también implica **respetar la decisión del otro**: aceptar si quiere distancia, si necesita espacio o si prefiere no perdonarnos.
- **Aprender y soltar**. Una vez que hemos **reconocido y aprendido** del error cometido, es fundamental **dejarlo atrás**. Las personas somos seres en constante evolución; **si todos quedásemos marcados de por vida por cada error, nadie sería considerado bueno**.

Llega un momento en la vida en el que **tenemos que tomar una decisión importante**: aceptar que aquellos errores ya **no nos representan**. Cometimos fallos, sí, **pero ya no somos los mismos**. Y lo más importante, **no volveremos a repetirlos** porque ahora somos conscientes y hemos aprendido de ellos.

No es necesario esconder nuestro pasado ni fingir que nunca fuimos **los malos de la historia**. **Hay que ser honestos y coherentes** también con los aspectos menos luminosos de nuestra vida. Reconocer sin excusas: «*Sí, metí la pata. Me arrepentí profundamente, pedí disculpas sinceras y me prometí que no lo volvería a hacer jamás*».

**La culpa que viene del daño que nos hicieron**

Sin embargo, hay **otro tipo de culpa**, una distinta pero igual de dolorosa. **Es la culpa que no surge del daño que causamos, sino del daño que permitimos que nos hicieran**.

Es frecuente, por ejemplo, que en relaciones donde hubo **maltrato psicológico**, la otra persona nos manipule y nos haga sentir responsables de su malestar. Nos hacen creer que su infelicidad depende de nosotros y, entonces, sentimos **pena y culpa**. La culpa de creer que **nosotros somos los malos por querer poner un punto final**.

Cuando finalmente esa relación termina, **la culpa y la pena no desaparecen** fácilmente; se transforman poco a poco en preguntas torturantes: «*¿Cómo pude permitir algo así?*», «*¿Por qué lo toleré tanto tiempo?*».

Encima, **nuestro entorno puede juzgarnos**. Algunos nos cuestionan, nos preguntan con tono crítico cómo aguantamos tanto. Nos hacen sentir aún más culpables, más débiles y vulnerables. Pero esas personas que cuestionan no han sufrido jamás el **maltrato psicológico**. Si lo hubieran vivido, **sabrían que no es una cuestión de debilidad o estupidez**.

Cualquiera puede convertirse en víctima de maltrato psicológico. La única persona que tal vez pueda prevenirlo en el futuro es la que ya lo ha vivido y ha aprendido a detectarlo a tiempo.

**El dolor de habernos traicionado a nosotros mismos**

Cuando llegamos a ese punto en que **nos sentimos culpables por haber tolerado tanto**, el dolor es abrumador. Nos sentimos traicionados, no por el otro, **sino por nosotros mismos**. Pensamos que somos culpables incluso de que en el mundo haya malas personas, como si permitir que nos hicieran daño **nos hiciera inferiores o menos valiosos**.

Pero aquí está lo importante: **haber permitido que alguien nos hiciera daño no nos hace inferiores**. No podemos pasarnos toda la vida castigándonos por haber tolerado situaciones dolorosas en su día. Hicimos lo que pudimos con las **herramientas y recursos que teníamos en ese momento**.

Es fundamental entender que, ahora que hemos vivido esa experiencia y aprendido, **probablemente no nos volverá a pasar**. Porque ahora sabemos mejor, porque **ahora somos más fuertes y conscientes**.

**Así que recuerda:**

- **Permítete perdonarte a ti mismo por tus errores del pasado**. No te castigues eternamente por lo que hiciste cuando no sabías hacerlo mejor.
- **Reconoce y perdona la culpa por lo que permitiste**. No fuiste débil ni menos inteligente. Fuiste humano, y a veces **solo aprendemos a través del dolor**.
- **Tú no eres tus errores**, ni los que cometiste ni los que permitiste. **Eres quien ha aprendido de ellos** y quien tiene hoy **el poder de transformarlos en experiencia**.

**Ahora respira profundo y date permiso de mirar al pasado con compasión. Porque sí, mereces tu propio perdón.**

# Segunda Parte: Ser Bueno En Todas Las Historias Es Casi Imposible

**Las Huellas que Marcaron Nuestra Vida**

He estado buscando durante mucho tiempo una palabra adecuada para describir esas **desgracias puntuales** que nos suceden y dejan una marca imborrable en nuestra vida. Me refiero a esos **eventos traumáticos**, dolorosos y profundos, que al recordar nuestra vida los encontramos claramente señalados: **con fecha, hora y lugar**.

Son esos momentos claves escritos resaltados en el libro de nuestra historia. Momentos tan fuertes que han requerido un largo tiempo de **trabajo terapéutico o personal** para superarlos, o al menos aprender a vivir con ellos. Me he decidido por llamarles «**huellas profundas**».

**Estoy segura de que, si te detienes a pensarlo, rápidamente podrás identificar esas huellas profundas en tu propia vida.** Esos puntos de inflexión que siguen ocupando un lugar en tu mente casi a diario. Sucesos que ya han ocurrido, sí, pero que siguen ahí, presentes, como una cicatriz emocional que nos acompañará siempre.

**La Falsa Idea del Agradecimiento**

¿Cuántas veces habrás escuchado a la gente decir cosas como:

- *«Algo habrás aprendido»*.
- *«Gracias a aquello eres quién eres hoy»*.
- *«Si eso no te hubiera ocurrido, hoy no sabrías esto»*.

La verdad es que, **por más bien intencionadas que sean estas frases**, ojalá esos eventos **nunca hubiesen ocurrido**. Al carajo con el famoso aprendizaje gracias a los traumas. No, yo no pienso agradecerle **a ninguna situación traumática** el que haya pasado por mi vida.

**No estamos obligados a agradecer lo malo que nos pasó**. Los sucesos traumáticos no se viven con una libreta y un bolígrafo en mano, anotando lo que aprendimos para un futuro. No. Esas situaciones **simplemente se sobreviven**, y muchas veces **se sobreviven a rastras**, casi sin fuerzas, con todo lo que tenemos. Eso de salir siendo una *«mejor versión de ti»* es una idea bonita, **pero la realidad no siempre es tan romántica**.

**Aceptar las Huellas profundas como Parte de Nuestra Historia**

**Aceptar estas huellas profundas** es también una parte esencial de **conocernos a nosotros mismos**. Significa entender, con tristeza, pero también con valentía, que esos eventos **forman parte de nuestra historia**, aunque nos duela. **No podemos borrarlos ni cambiarlos**, solo podemos aprender a vivir con ellos, abrazando a la persona que fuimos en ese momento.

**Hay cosas que duelen tanto**, que al recordarlas sentimos una profunda **pena por nosotros mismos**. Y sabes algo: **esa pena está bien**, no tienes por qué negarla o rechazarla. Puedes decirte a ti mismo con honestidad y compasión:

*«Sí, sufrí muchísimo, lo pasé realmente mal. Hice lo que pude, salí como humanamente pude y aquí estoy, intentando estar cada vez mejor».*

Esto es **mucho más realista y respetuoso con nuestro proceso personal** que intentar tragarnos esos discursos vacíos que dicen *«gracias a aquello ahora soy mejor persona»*. Tal vez sí, tal vez lograste sacar tu fuerza y resiliencia, pero **si no lo hiciste, no pasa absolutamente nada**.

**La Importancia del Diálogo Interno**

La manera en que construimos nuestro **diálogo interno** para darle explicación a lo que vivimos es **muy importante**. Porque nuestro cerebro **termina creyendo todo lo que le decimos**, especialmente si lo repetimos quinientas veces al día.

Por ejemplo, decirte:

- *«Fui una inútil, me enamoré como una tonta de mi ex y permití que me maltratara».*

Significa insultarte y culparte de algo que en realidad **fue culpa de otra persona**.

En cambio, decirte:

- *«Tuve la mala suerte de toparme con un maltratador y enamorarme de él, no me lo vi venir y cuando me di cuenta estaba atrapada en una relación abusiva de la que no sabía salir».*

**Este segundo diálogo es muy diferente.** No te falta al respeto, no te insulta, ni te culpa por lo que fue responsabilidad de alguien más.

**Las Palabras que Usamos Moldean Nuestra Realidad**

Esos discursos llenos de insultos hacia nosotros mismos como:

- *«Soy un inútil»*,
- *«No sirvo para nada»*,
- *«No me merezco lo que tengo»*,

No hemos marcado ninguna diferencia en el mundo. Hablarnos de esta forma nos convierte en **meros espectadores de nuestra propia vida**, incapaces de tomar el control.

**No fuimos idiotas, simplemente hicimos lo que pudimos con las herramientas que teníamos en ese momento**. Por eso es crucial analizar nuestras huellas profundas y explicárnoslas de manera adecuada y respetuosa.

**Tu Misión: Explicarte tu Pasado con Honestidad y Respeto**

Una de tus **misiones al leer este libro** es aprender a **explicarte tu pasado**. Hacerlo con la **máxima honestidad y respeto posibles** para entenderlo, integrarlo y así, cada vez que mires atrás, puedas ver esa explicación **justa y amable contigo mismo**.

**Sin infravalorarte, sin odio, sin reproches**. Con aceptación. Porque **esa es tu historia**, por muy dura o desagradable que haya sido, y **no puedes castigarte eternamente por ella**.

En este camino que inicias, te darás cuenta de lo siguiente:

- Que hubo sucesos que fueron **tu responsabilidad**.
- Que otros simplemente fueron "**malentendidos**".
- Y también **sucedieron situaciones en las que fuiste víctima**.

Pero es **tu diálogo interno**, la forma en que hablas contigo mismo al recordarlos, lo que marcará cómo los revives. Por eso, **Háblate con la misma**

**amabilidad y comprensión que lo harías al escuchar a buen un amigo**. Sobre todo, hablate **de forma sincera**. A ti, y solo a ti, **debes decirte la verdad**.

**La Vergüenza de un Dolor que Aún No Superamos**

Hay situaciones tan dolorosas que incluso **llegamos a sentir vergüenza de nosotros mismos**, al recordar todo aquello que sufrimos y que aún no hemos podido superar por completo. Pero, querido lector, **permítete sentir esa vergüenza sin castigos**. Está bien reconocer lo difícil que ha sido, **está bien abrazar esas partes vulnerables**. Porque, aunque el dolor siga presente, recuerda siempre que **ya no eres la misma persona que eras en aquel entonces**. Ahora sabes más, entiendes mejor y **tienes nuevas herramientas**.

**El simple hecho de reconocerlo** es una muestra de tu valentía y fuerza.

**No necesitas ser siempre el bueno de todas las historias**. Necesitas, en cambio, ser siempre **honesto contigo mismo**. Aceptar tu pasado **tal y como fue**, aprender a mirarlo con compasión, e **integrarlo a quién eres hoy**.

Eso es lo que, en última instancia, te dará **auténtica libertad**.

# Tercera Parte: El Perdón A Quien Nos Hirió, Es La Mejor Terapia Para Vivir En Paz Y Cerrar Ciclos

**¿El perdón un camino hacia la paz interior?**

Una de las frases más repetidas en nuestra sociedad es: *«Perdonar para vivir en paz contigo mismo»*. Suena bonito, ¿verdad? Porque sí, vivir con odio definitivamente **no es vivir**. Sin embargo, hay heridas tan profundas y personas que nos han hecho tanto daño, que cuando oímos hablar de perdón, lo primero que nos preguntamos es: *«Pero ¿cómo se supone que voy a perdonar yo a esta persona? ¿Cómo hacerlo cuando el dolor aún está tan vivo en mí?»*.

Porque la realidad es que hay heridas que no se olvidan. **Heridas profundas, que recordaremos toda la vida**. Personas que, para nuestro pesar, permanecerán siempre en nuestra memoria. Entonces, ¿cómo perdonar algo que aún duele tanto?

**Perdonar o no perdonar: tu decisión es válida**

Cuando alguien nos hace mucho daño, es completamente válido que **decidamos no perdonarle**.

¿Cómo vamos a pedirle a alguien que perdone a quien le hizo tanto daño, a un **asesino, un violador o un maltratador**? Simplemente **no podemos exigir eso**. Cada víctima tiene el derecho absoluto de decidir si quiere o puede perdonar, y **si decide no hacerlo, está en todo su derecho**.

¿Quién somos nosotros para juzgar o presionar a alguien a perdonar lo imperdonable? Hay situaciones que nos superan, hay dolores que **se nos quedan demasiado grandes**, porque existen **seres humanos profundamente malvados en este mundo**.

Cuando vemos a alguien que ha sufrido por el daño que otra persona le ha causado, muchas veces, sin pensar ni medir bien nuestras palabras, le decimos:

**«Pero perdónale, hazlo por ti, no por él»**.

Pero, en realidad, **esa frase no siempre ayuda.**

Somos humanos, no máquinas. **No tenemos la obligación de saber gestionar todas las emociones de la forma en que los demás creen que deberíamos hacerlo.** No siempre estamos preparados para todo, y mucho menos **tenemos que perdonar a todo el mundo.**

*No somos santos.* **Somos personas con límites y heridas.** Y lo que realmente necesitamos no es sentirnos forzados a perdonar, sino **aprender a sanar, liberar y aceptar nuestras emociones a nuestro propio ritmo.**

**La trampa del perdón y el olvido**

Algo curioso sucede cuando busco definiciones de la palabra "**perdonar**": en casi todas aparece el término "**olvidar**" o alguna palabra similar.

Pero seamos sinceros: **olvidar algo que nos causó un profundo daño de la noche a la mañana, como por arte de magia, es prácticamente imposible** *(a menos que nos demos un golpe en la cabeza o recurramos a métodos poco recomendables).*

Si hablamos de este tema con seriedad, **liberar de culpa a quien nos ha herido profundamente puede parecer injusto.** Y lo entiendo.

Por eso, **no debemos presionarnos con frases como:**

- *«Perdonar es por nuestro bien».*
- *«Perdonar es sanar».*
- *«Perdonar es olvidar».*

Si bien estas ideas pueden tener algo de verdad, **el perdón no es una imposición ni un proceso automático.** Si en este momento *simplemente no podemos perdonar* y estamos trabajando en ello, es completamente válido **darnos el tiempo necesario para lidiar con ese dolor y cerrar ciclos antes de seguir adelante.**

Puedes decirte con honestidad:

*«He decidido comenzar un proceso de liberación que me ayude a perdonarte por lo que me hiciste. Seguiré adelante, trabajaré en las secuelas que dejaste en mí, pero a partir de ahora, te libero de tu responsabilidad y yo comenzaré a cerrar este ciclo para continuar con mi vida».*

Porque el perdón **no es un favor que le hacemos a alguien más. Es un regalo que nos damos a nosotros mismos, cuando estemos listos.**

**Vivir anclados en el pasado**

Como dije antes, **vivir con odio es vivir atados al pasado.**

Por mucho daño que alguien nos haya hecho, si pasamos nuestros días **reviviendo ese sufrimiento una y otra vez**, recordándolo y recordándonoslo constantemente, **nos estamos estancando** en lo que fue... y no en lo que *podría ser*.

¿Cuántas veces te has sorprendido repitiendo una y otra vez la misma historia?

Cuando algo duele mucho, es normal que, de manera inconsciente, tratemos de **darle sentido**, repasándolo una y otra vez, **intentando encajarlo** en nuestra mente. Pero el problema es que, por más vueltas que le demos, a veces esas piezas **simplemente no encajan.**

**¿Por qué?**

Muy simple: **porque nos olvidamos de que en esa historia no fuimos los únicos protagonistas.**

No todos **piensan, sienten o actúan como nosotros.** Lo que para nosotros tiene todo el sentido del mundo, **para otros quizá no tenga ninguno.**

Y mientras seguimos dándole vueltas al asunto para intentar comprenderlo, **nos hacemos más daño que bien.**

Desde una perspectiva terapéutica, **esto solo nos mantiene anclados en el pasado** y nos impide **mirar hacia el futuro y seguir adelante.**

**La necesidad de parar**

Si ya le has dado todas las vueltas posibles, si has repetido la misma historia quinientas veces y la has contado de mil formas diferentes y **aun así sigues sintiendo la necesidad de seguir haciéndolo**, es momento de parar.

**Parar porque eso no está ayudando a nadie.** Ni a quienes nos escuchan, ni mucho menos a nosotros mismos. **No hay progreso allí.** Quizá llegó el momento de aceptar que lo que te hicieron simplemente **no tiene una explicación racional**, por mucho que la busques.

**Aceptar que te hicieron daño y punto.** Sin buscar explicaciones que solo generan ansiedad, dolor y te hacen **revivir el daño una y otra vez.** Ya está, te hicieron daño y nada más.

- **No importa** por qué esa persona actuó así ese día.
- **No importa** por qué eligió esas palabras, a esa hora o en ese lugar.

- **No importa** entender cada detalle.

**Suéltalo**. Suelta la necesidad de encajar todas esas piezas en tu cabeza. **Eso no resolverá nada ni mejorará la situación. No podemos cambiar lo que paso, pero sí podemos construir el futuro**. Lo que sucedió, ya es historia. Ahora, solo te toca seguir adelante.

**El verdadero perdón es soltar**

Por lo tanto, no se trata realmente de perdonar al otro si no queremos. De hecho, **no se trata del otro en absoluto**. Se trata de **sacarlo de la ecuación**. Se trata de aceptar el daño que nos hicieron y soltarlo para **vivir más centrados en nuestro presente**.

Claro que **decirlo es fácil y hacerlo muy difícil**. No tenemos un botón mágico de «soltar», aunque ojalá existiera. Sin embargo, ¿cuál es la alternativa?

¿Vivir aferrándonos eternamente a ese dolor y, aun así, tratar de avanzar? **No suena bien, ni justo para nosotros mismos.**

Debemos aprender a **seguir adelante**. Sí, sé que **no es un proceso sencillo** y que nos costará al principio. Pero, al final, **se trata de aceptar lo que pasó, de reconocer que no todo fue nuestra culpa y de entender que el perdón es una elección, no una obligación**.

Independientemente de si decidimos o no **perdonar a la otra persona de inmediato por el daño que nos causó**, lo realmente importante es que, comiences a soltar, una vez que hayas aprendido a superarlo, **debes desvincularte de ese dolor**. Y el perdón a su debido momento es parte de ese proceso.

**Así que aprender a cerrar ese ciclo y seguir adelante** es esencial para que aquel acontecimiento **no siga condicionando tu vida** y te permita mirar hacia el futuro que mereces con mayor libertad.

**Tu pasado no tiene que convivir con tu presente**

Sí, aquello forma parte de tu pasado, es cierto. Pero **no tiene por qué ser compañero constante de tu presente**.

Recuerda que somos humanos, no lo sabemos todo, **no tenemos todas las respuestas**, y definitivamente **no siempre sabremos cómo manejar cada situación** que se nos presenta. **No somos perfectos** y eso está bien. Debemos reconocer que **no siempre estaremos preparados** para afrontar todo lo que llega **sin previo aviso.**

Y eso es humano. Eso es real. **Y está bien.**

**En conclusión:**

- **Perdonar es una decisión personal** y válida en ambas direcciones.
- **Olvidar no es necesario** para avanzar, pero **soltar sí lo es.**
- **Aceptar** y **soltar** es la verdadera clave para vivir en paz, **independientemente de la decisión de perdonar o no.**

Es hora de darte permiso de vivir sin estar atado a lo que fue. **Tu presente merece más libertad y paz.**

# Cuarta Parte: Tu Yo De Ahora, Tus Pensamientos Conscientes

## Nuestra Voz Interior

**Si todo lo que pensamos se escuchase en voz alta**, probablemente no tendríamos amigos, familia, ni pareja. Es más, **viviríamos en constante guerra con todo el mundo**. ¿Sabes por qué? Porque simplemente **no podemos controlar todo lo que pensamos** en cada instante, y no pasa nada por eso.

Todos juzgamos de alguna manera, criticamos a otros y en ocasiones hasta pensamos cosas terribles. Pero, afortunadamente, esos pensamientos son **privados**. Esa **Voz interior** que habla sin filtro porque **cree que nadie la escucha** no eres tú realmente. Esa voz en tu interior puede ser muy cruel, a veces incluso hasta decir cosas que nos hacen sentir mal: *«¿Cómo he podido pensar eso?»*. Pero calma, es normal, todos la tenemos.

Esa voz interior es como una persona chismosa que no solo critica, sino que también juzga con prejuicios arraigados. Puede ser racista, homófoba, machista o gordófoba, porque se alimenta de lo más profundo y arraigado de nuestra educación y entorno.

Incluso nos sorprende cómo, tras años de **deconstrucción y autoeducación**, sigue allí, **erre que erre**.

**¿Qué hacemos con esa voz interior?**

Sí, es incomprensible, pero ahí está, y ahí seguirá. **No puedes despedirla**, viene contigo y, cuanto más intentes callarla, más fuerte hablará. Entonces, ¿qué puedes hacer con ella?

La respuesta es simple: **corregirla e ignorarla**. "*Recuerda: no eres tus pensamientos inconscientes, sino quien los corrige. No eres esa voz crítica y malvada, sino quien la calla con conciencia y empatía. Por ejemplo, ante la idea de que una chica con minifalda es una "fresca", tú respondes: "Es libre de vestir como quiera"*. **Esa voz que corrige con consciencia y empatía** eres tú realmente.

**El trabajo eterno de educar nuestra voz interior**

Una tarea fundamental en nuestra vida es **educar esa voz interior llena de prejuicios**. Es un trabajo que nunca acaba, aunque, por fortuna, **cada día será más fácil**.

Esto forma parte de nuestra **deconstrucción personal**. Se trata de cuestionar y criticar aquello que llevamos integrado desde pequeños.

Veamos algunos ejemplos concretos:

- Cuando vemos en algún cumpleaños a un **hombre que acaba de ser padre**, normalmente no pensamos nada. Simplemente decimos está de celebración, disfrutando. Sin embargo, si vemos a una **mujer que acaba de ser madre** en la misma situación, pensamos cosas como: *«¿Y el bebé? ¿No acaba de ser madre? ¿Dónde lo ha dejado? ¡Vaya! ¿Qué madre es esa?»*. Sin querer, atribuimos responsabilidades a la madre que no atribuimos al padre.

**¿Por qué sucede esto?** Porque hemos crecido en una sociedad **patriarcal**, donde se asignan responsabilidades desiguales en la crianza. Podemos intentar **justificar** estos pensamientos diciendo: *«Es que quizá es por dar el pecho»*, pero solo estaríamos tapando **micromachismos interiorizados** con excusas absurdas, porque **no todas las madres dan pecho**, y aunque lo hicieran, tienen pleno derecho a disfrutar su vida.

**Justificar nuestra voz interior llena de prejuicios** nos impide crecer como personas. *En lugar de avanzar, nos quedamos estancados en viejos patrones de pensamiento.*

**El peligro de justificar prejuicios arraigados**

Pongamos otro ejemplo:

Cuando alguien escucha defender el feminismo o criticar que han asesinado a otra mujer, y siente rechazo. Ese rechazo viene de un **machismo interiorizado**, pero, en vez de cuestionarse **por qué siente así**, busca rápidamente **argumentos basura para justificarse**. Aquí es cuando esa persona dice algo como: *«¿Y la cantidad de hombres que mueren a manos de sus esposas qué?»*.

**¿Qué ocurre aquí?** Que esta persona no se cuestiona por qué siente rechazo hacia el feminismo. **Simplemente busca justificar su creencia**

**arraigada**, utilizando **argumentos vacíos** que ha escuchado por ahí. Es más fácil repetir algo oído que **cuestionarse y deconstruirse**.

**El desafío de cuestionar nuestros prejuicios**

Corregir esa **Voz interior** no es tarea fácil, porque no solo **habla**, también **despierta emociones**. Si creciste en una familia muy racista, probablemente, cuando veas a alguien de piel oscura, tu Voz te diga **que no te acerques**, generando incluso **sensación de rechazo o incomodidad injustificada**.

En ese momento puedes tomar dos caminos:

- **El fácil**: repetir automáticamente lo aprendido, diciendo cosas como *«delinquen más que las personas blancas»*.
- **El difícil**: **cuestionarte** por qué sientes eso, **corregirte** y **auto educarte**.

¿El camino que te hará crecer como persona? **El difícil**, claramente.

**Autoeducación en acción: paso a paso**

Veamos un ejemplo detallado:

Te cruzas con una mujer que, según los estereotipos de belleza que tienes interiorizados, consideras «gorda». Ella lleva **pantalones cortos**. Entonces, tu Voz interior juzga indiscriminadamente: *«¿Cómo se atreve a ponerse esos shorts tan cortos con las piernas que tiene 'le quedan fatal'?»*. Y de pronto, empiezas a sentir rechazo hacia alguien que simplemente pasó frente a ti.

Justo en este instante, **debes elegir el camino fácil o el difícil**.

**Eliges auto educarte** (el difícil). Entonces, te preguntas: *«¿Por qué he pensado eso y por qué siento rechazo?»*. Tu Voz intentará justificarse diciendo: *«Es que estar gordo no es saludable»*.

Ahora viene el **cuestionamiento** contigo mismo:

- *«Querida yo, ¿realmente te importa la salud de esta persona?»*
- *«¿De verdad sientes este rechazo porque te preocupa su bienestar?»*
- *«¿O es solo una justificación fácil para lo que sientes?»*
- *«¿Estar gordo es sinónimo absoluto de mala salud?»*
- *«¿Tienes información real sobre la salud de esta persona?»*

En este momento **te estás cuestionando a ti mismo**.

**Corregirse desde la empatía**

Tras cuestionarte, llega la hora de **corregirte** desde el cariño. Puedes decirte algo como:

*«No tienes ni idea sobre la salud de esa mujer, no intentes justificar tu gordofobia interiorizada con argumentos vacíos. Aunque ella tuviese problemas de salud, no es asunto tuyo, y si realmente te preocupase, deberías empatizar y ayudar (si ella te lo pidiera), no juzgar. Juzgar así no ayuda a nadie».*

**No solo corriges el argumento**, sino que lo profundizas con un «**aunque así fuera, no es asunto tuyo**». Aquí le estás quitando cualquier excusa a tu Voz interior.

**Empatizar: la clave para crecer**

Tras la corrección, viene la **empatía**, poniéndote en el lugar de la persona prejuzgada:

*«Además, no sabes el trabajo interno que le ha supuesto a esa persona ponerse pantalones cortos, quizá ha sido un acto de valentía. No sabes si sale a la calle temiendo que alguien como tú la juzgue. No sabes si ha sido difícil aceptarse y quererse tal como es».*

Aquí realmente **crecemos como personas**, pasando de criticar a empatizar.

**Explicarte para entender y avanzar**

Para cerrar bien este proceso de autoeducación, toca **explicarte por qué has pensado y sentido eso**:

*«Juzgarla es fruto de lo interiorizados que tienes los cánones de belleza y de lo normalizada que está la gordofobia. La realidad es que esa mujer no hizo nada para merecer ese juicio, y tiene derecho a vestir como quiera».*

Así indagas en **las raíces de tu educación y crianza**, practicando un **profundo autoconocimiento.**

**Conocerte: lo más importante**

Está bien conocer gente nueva, **pero lo principal es conocernos a nosotros mismos**. La autoeducación y **empatía** es fundamental para crecer y avanzar.

**Tú no eres lo que piensas automáticamente. Eres quien elige corregir, cuestionar y empatizar.**

**Ese es tu verdadero yo.**

# Quinta Parte: Tu Voz Interior, Una Batalla Que Todos Llevamos Dentro

En nuestro interior existe una voz que a menudo habla más fuerte que nuestras propias palabras. Esa voz interna se convierte, muchas veces, en una **batalla constante**, despertando en nosotros **emociones encontradas**.

Tal vez, **el diálogo interno** que empleé antes como ejemplo pueda sonar un poco brusco. No siempre es necesario hablarnos así. Podemos elegir ser **más amables, más empáticos con nosotros mismos.**

Podemos decirnos cosas como:

*«Sé que no lo haces con mala intención, pero estás dejándote llevar por tus prejuicios»*.

La forma en que te dirijas a ti mismo es una decisión completamente personal. Lo importante es que el mensaje **cale en tu mente y tu corazón**.

Porque **nadie sabe explicarte las cosas mejor que tú mismo**.

Una vez que ya te has corregido varias veces el mismo pensamiento o prejuicio, **no hará falta soltarte semejante sermón cada vez que tu Voz interior haga de las suyas**. Bastará con algo sencillo como:

*«¡Ay, cállate ya y deja que los demás hagan lo que quieran con su vida!»*.

Como hemos visto hasta aquí, **no elegimos lo que dice nuestra Voz interior**, pero sí podemos elegir **cómo responderle**. A todo este proceso que hemos analizado, le llamamos «**autoeducación**».

En resumen, la **autoeducación** quedaría resumida en las siguientes fases:

**1. Darnos cuenta** de que algo está pasando.**2. Cuestionarnos** lo que sentimos y pensamos.**3. Corregirnos** desde la empatía.**4. Empatizar** con la otra persona.**5. Explicarnos** por qué creemos que pensamos así en primer lugar.

Recuerda: tu voz interior puede ser **racista, homófoba, machista, gordofóbica**, pero **eso no significa que tú también lo seas. Corrígela siempre**.

**Seamos esa persona que nos gustaría conocer**

Todos tenemos prejuicios, pero también **tenemos inseguridades**. No somos perfectos. Esto significa que, en muchas ocasiones, seremos nosotros mismos, víctimas de **los prejuicios de otros**.

Imagina que **tú eres esa chica que va con pantalón corto** y no encaja en los cánones de belleza actuales. Pregúntate con sinceridad:

- **¿A quién preferirías cruzarte por la calle?**
    - **¿A la persona que elige auto educarse y respetarte?**
    - **¿O a quien elige juzgarte y criticarte sin más?**

**Obviamente, elegirías a la primera persona.** Pues bien, de eso se trata precisamente: de **convertirte tú en el tipo de persona con la que te gustaría encontrarte**, en alguien que **querrías tener cerca.**

Ahora bien, ser «**esa persona que quieres conocer**» es más complicado de lo que parece. Porque, a veces, **la vida no nos lo pone fácil** y convertirnos en **esa persona ideal** no es igual de sencillo para todo el mundo.

Cuando sufrimos una **mancha negra** (evento traumático) o una **situación complicada**, es difícil mostrar la mejor versión de nosotros mismos. ¿Y sabes algo? **Eso está bien.** No siempre podremos ser esa persona que quisiéramos tener en nuestro entorno, y no debemos castigarnos por ello.

**Es importante respetar nuestras malas rachas**, entender que no siempre podemos estar al cien por cien, y eso **no nos hace menos válidos ni peores personas.**

Para eso, es esencial **conocernos bien a nosotros mismos**, pero de esto hablaremos más adelante.

**¿Y qué pasa cuando los pensamientos negativos de la Voz son contra nosotros mismos?**

¡Ajá! Porque esa Voz interior **no solo juzga a otros**, también lo hace constantemente **con nosotros mismos**. Esta voz interior es la que **nos transmite nuestras inseguridades, miedos, sentimientos más profundos.** Digamos que es el canal por el cual **nos enteramos de las cosas no resueltas que guardamos dentro.**

**Esa voz es la que nos desprecia frente al espejo**, la que nos dice que no nos vemos bien, que hemos ganado o perdido demasiado peso, que otros lo notarán y nos juzgarán. Esa voz es la que nos dice cosas crueles como:

- *«Se te ven demasiado las ojeras».*
- *«Hoy tienes una mala cara terrible».*

Es ella también quien nos **culpabiliza y machaca** por los errores cometidos. Nos dice cosas hirientes como:

- *«No vales nada».*
- *«Nunca encontrarás a alguien que te quiera».*
- *«Te quedarás solo para siempre».*

Y duele mucho, ¿verdad?

¿Cuántas veces hemos pasado horas enteras escuchándola, **como meros espectadores**? ¿Cuántos planes hemos cancelado por sus palabras crueles? ¿Cuántas veces habremos **llorado y sufrido** en silencio por sus opiniones?

**Más veces de las que podemos recordar**, seguramente.

Ahora, **no podemos negar que esas palabras duelan**. Duelen porque **tocan algo dentro nuestro que nos resuena**. No es algo ajeno o sin sentido; **es algo nuestro**, algo no resuelto, algo profundo que necesita atención.

**Por eso no debemos ignorarla por completo**, al menos no al principio.

**Escuchar y elegir cómo responder**

Primero, escuchemos qué nos dice. Imagina que estás frente al espejo, probándote bikinis para ir a la playa con tus amigas. Y, de repente, tu Voz interior te dice:

*«Se te ve fatal, estás gorda, todos van a pensarlo y criticarte».*

Aquí tienes **dos opciones**:

- La primera: **Creerle y quedarte en casa**, evitando más sufrimiento.
- La segunda: **Tener una charla contigo mismo**, pero con mucho cariño y respeto, porque esta vez la persona que juzgas **eres tú mismo**.

En este caso, ¿quedarte en casa te hace débil? **No, para nada.** Si ir a la playa te causa **un malestar insoportable**, está bien quedarte. Ahora, sería bueno **plantearte afrontar este problema** tarde o temprano, para no vivir siempre con este dolor y dejar de hacer cosas que disfrutas, como **ir a la playa con amigos.**

Lo ideal sería **no permitir que nuestros miedos e inseguridades condicionen nuestra vida**, aunque, claro, esto es fácil decirlo y **muy difícil llevarlo a la práctica.** Cuanto menos permitamos que estas inseguridades **dominen nuestra vida**, menos crecerán y menos se apoderarán de nosotros.

**Pedir ayuda y aceptar recaídas**

Enfrentar inseguridades **es difícil.** Por eso, podemos tomarnos **un tiempo para asimilar y prepararnos.** Contar con ayuda de personas que nos quieren o de **profesionales de la salud mental** puede ser un **gran empujón.**

Y, cuando empecemos, **comprendamos que recaer es normal.** Habrá días malos, días en que **las inseguridades ganen** la batalla. ¡No pasa nada! Hagamos una pausa, **validemos nuestras emociones**, permitámonos estar tristes, y volvamos a intentarlo cuando **nos sintamos listos de nuevo.**

**Recuerda:**

- **Esa voz interior crítica** no te define.
- **Mereces respeto y empatía**, incluso cuando vienen de ti mismo.
- **Busca ayuda si lo necesitas**, no estás solo.
- **Permítete tener días difíciles** y siempre **vuelve a intentarlo.**

# Sexta Parte: Tu Voz Interior No Define Quién Eres En Realidad

Tu voz interior puede ser extremadamente dura **contigo misma y con los demás**. Sin embargo, **esa voz no eres tú**. Aprender a dominarla y corregirla te permitirá **tomar control de quién eres en realidad**.

No importa lo que decidas hacer: **lo fundamental es que tus inseguridades no condicionen tu vida**. Dentro de ti habita una persona llena de vida, que **merece salir de la jaula** en la que ha estado encerrada y disfrutar tanto como los demás.

**Hablarse con cariño: El poder del diálogo interno**

Retomando lo que decíamos antes, la opción más valiosa ante un momento difícil es el **diálogo interno**. Consiste en **hablar con nosotros mismos**, comprender qué nos sucede y tratar de **auto educarnos**.

En esos momentos difíciles, es esencial **dirigirnos a nosotros mismos con el mismo cariño y delicadeza** que usaríamos al hablar con nuestra mejor amiga o con alguien a quien apreciamos profundamente. Con empatía, paciencia y asertividad.

Por ejemplo, ante esas inseguridades, podrías decirte algo como:

*«Eh, no te hables así, no seas cruel contigo. ¿De verdad crees que los demás están pendientes de cómo te ves físicamente? Y si así fuera, ¿piensas que te querrían menos por ello? Si fuera así, no serían buenos amigos, y ese no es el caso. ¿Vas a renunciar a un día genial de playa por tus inseguridades? ¿Y qué harás la próxima vez que te inviten a un plan similar? ¿Te quedarás siempre en casa? No mereces eso; mereces ir y disfrutar».*

**Tomando decisiones que nos acerquen a la felicidad**

Sé que no es sencillo. **Es complicadísimo**, en realidad. Pero lo que seguramente **no sea la solución** es anular el plan cada vez. Por eso, podrías

**hacer pequeños acercamientos progresivos** hasta sentirte más cómoda. Por ejemplo, si ir en bikini es demasiado, puedes optar primero por un bañador.

Otra opción es **hablar de tus inseguridades con tus amigas** y hacerles saber que ir a la playa, para ti, supone un gran desafío. Así ellas podrán echarte una mano, y tú no tendrás que cargar con esto en secreto. Además, probablemente descubrirás que **no eres la única persona con reparos sobre exponer su cuerpo en público**. Recuerda esto: **ser delgado no significa estar cómodo con tu cuerpo**.

**Corrigiéndonos y conectando con nuestro sentir**

En este diálogo interno, además de hablarnos con cariño, debemos **corregirnos y conectar con lo que sentimos**. Entender que, en este caso, **evitar ir a la playa no es la solución definitiva**, porque mereces disfrutar.

Te mereces **vivir momentos felices**, porque cuando tengas setenta años y mires atrás, **eso será lo que realmente recordarás**. No será el bikini que llevabas ni los michelines o la celulitis; **recordarás las risas, la medusa que picó a Chary, la sombrilla que se voló y todos esos momentos mágicos junto a tus amigas**.

**Eso es lo que mereces vivir.**

Y si has ganado peso, otros lo notarán y no pasará nada más allá de eso. Y si tienes celulitis, estrías o granitos, quienes lo vean simplemente sabrán que eres humano, como ellos, como yo, **como millones de personas en el mundo**.

- ¿Realmente es tan terrible? Para nuestra cabeza, tal vez lo sea.
- Pero ¿en serio es tan malo? **No.**

Y, si alguien te juzgase o te quisiese menos por eso, **entonces te estarías equivocando de amigos**.

**Comprenderse, abrazarse y sanar heridas**

A veces, aunque suene cursi, **comprenderse, abrazarse, llorar y prometerse sanar ciertas heridas** es una hermosa forma de conectar contigo mismo.

**Trátate siempre como si fueses tu propio mejor amigo.**

**Cuando el diálogo interno no funciona: mandar callar**

A veces, por muchas charlas internas y repeticiones que tengamos con nosotros mismos, esa Voz interior seguirá intentando que nos autosaboteemos.

En esos casos, **cuando ya hemos trabajado nuestro diálogo interno**, podemos decirnos algo más directo:

*«¡Ay, calla ya! Estas son solo mis inseguridades hablando. No es real, no les voy a hacer ni caso».*

Esta actitud puede ser muy útil en situaciones donde **nuestros miedos nos gritan** que no podremos hacer algo, que no somos capaces o que fallaremos.

**El poder del diálogo interno en el control emocional**

De la misma manera que utilizamos este diálogo interno **para no hacernos más daño**, también podemos usarlo para **controlarnos en momentos de ira**, aunque esto lo profundizaremos más adelante.

Al final, aprender a manejar el diálogo interno se convierte en una **herramienta fundamental** para quienes nos pasamos el día entero dando vueltas y vueltas a las cosas.

**Tu voz interior no eres tú**

Recuerda siempre esto: **no eres tus pensamientos inconscientes, eres la voz que los corrige**. Tú tienes el poder de **reeducar esa voz crítica y hacer que juegue a tu favor**.

**Resumiendo: tu plan de acción con tu voz interior**

- **Habla contigo con cariño y empatía**.
- **Busca acercamientos progresivos** a aquello que te da miedo.
- **Habla con tus amigos** sobre tus inseguridades, para no vivirlas en secreto.
- **Corrige tus pensamientos** y conecta con lo que sientes de verdad.
- **Trátate como a tu mejor amigo**.
- **Si tu voz no te deja en paz, mándala callar** con determinación.
- **Usa tu diálogo interno** para mejorar tu control emocional.

Porque recuerda que **mereces disfrutar de tu vida plenamente**, sin que tus inseguridades te limiten.

**¡Tu voz interior no define quién eres! Tú tienes el poder de decidir quién quieres ser.**

# SEGUNDO CAPÍTULO: ¿SABES QUIÉN ERES?

## Primera Parte: Saber Quién Eres, Es Lo Más Importante Para Tomar El Control De Tu Vida

Vivimos, pasan los días y, bueno, **quedamos con amigos, conocemos gente nueva, nos enamoramos, nos reunimos en familia, nos juntamos con compañeros de trabajo.** En definitiva, **socializamos**. La mayoría nos pasamos el día **rodeado de personas**, ya sea de manera voluntaria o involuntaria.

Nos levantamos apresurados cada mañana y comenzamos nuestra rutina: nos duchamos, nos vestimos, tomamos un desayuno rápido y salimos rumbo al trabajo. Durante la jornada laboral, cuando tenemos un momento libre, lo ocupamos en merendar, hacer planes con otras personas o conversar. Todo parece girar en torno a estar ocupados, a llenar cada espacio con ruido y distracción.

¿Por qué sucede esto? Porque el silencio nos incomoda y, aún más, enfrentarnos a la realidad.

Por eso encendemos la televisión durante la siesta. **¿Por qué lo hacemos? ¿Para qué?** Si, al final, es muy probable que terminemos dormidos. **No importa**, lo que realmente buscamos es la sensación de compañía, la ilusión de que no estamos solos en casa.

**¿Crees que exagero?** Detente un momento a pensar en esto. **¿Cómo comienzan tus mañanas?** Nada más despertar, ¿qué es lo primero que haces? Tal vez enciendes la radio, pones música, escuchas un podcast, ves las noticias en la televisión o simplemente reproduces un video en YouTube. **Lo que sea, con tal de romper el silencio y llenar el espacio con algún sonido de fondo.**

Otro ejemplo: cuando vamos solos por un centro comercial, muchas veces aprovechamos para llamar a alguien, revisar nuestras redes sociales o enviar notas de voz. **Cualquier cosa, con tal de evitar un momento a solas con nosotros mismos,** porque quizá, solo quizá, tendríamos que enfrentarnos a nuestros propios pensamientos.

¿Te das cuenta? Parece que no, pero **nos cuesta muchísimo pasar tiempo con nosotros mismos**. Quizá me digas: *«Pero si yo paso mucho tiempo solo»*.

Sí, pero **no se trata solo de pasar tiempo solo, se trata de pasar tiempo de calidad contigo**. La realidad es que pasamos los días **huyendo del silencio**. En ocasiones, podemos pasar más de cinco horas tendidos en el sofá, **viendo una serie en Netflix**, pero no pasamos ni cinco minutos en silencios con nosotros mismos.

**El vacío al llegar a casa**

¿Sabes qué pasa con eso? Que un día llegas a casa a las seis de la tarde, después de un largo día trabajo lleno de **ruido, quizás entretenimiento, conversaciones, risas y momentos gratos**; y luego, la casa, **en silencio**, y sientes como se te cae encima.

Quizá tuviste un día **espectacular**: trabajaste, saliste con amigos y disfrutaste el momento. Pero luego, **¿qué sucede al llegar a casa?** De repente, sientes un enorme vacío.

Entonces, abres la puerta, enciendes las luces, prendes la televisión, dejas el bolso, subes a tu cuarto, te cambias... Mientras tanto, de fondo, sigue sonando el televisor. Bajas, te preparas algo de cenar y, **sin darte cuenta, si no pones una serie o música mientras comes, la casa se te hace inmensa.**

**¿Por qué ocurre esto?** Porque pasas los días ignorando que **vives contigo mismo**, enfocándote en lo externo y olvidando lo más valioso: **lo que hay dentro de ti**, esas emociones y pensamientos que te acompañan, aunque trates de silenciarlos.

Y como consecuencia de evitar pasar tiempo contigo... **los años pasan y un día te das cuenta de que no sabes realmente quién eres.**

**¿Te suena familiar?**

Tu cuerpo responde o reacciona de determinadas maneras ante ciertas situaciones, sean estas positivas o no. Y tú, simplemente, miras como **un mero espectador lo que te sucede**, sin preguntarte **de dónde vienen esos sentimientos** de éxito o fracaso. Sientes emociones y solo te limitas a reaccionar a ellas, pero no tratas de **indagar en ti**, en qué sucede en tu interior, y en comprender qué fue lo que produjo esa sensación.

Tu cuerpo responde o reacciona de determinadas maneras ante ciertas situaciones sean estas positivas o no. Y tú simplemente miras como **un mero espectador lo que te sucede**, sin preguntarte de dónde vienen esos sentimientos de éxito o fracaso. Sientes emociones y solo te limitas a reaccionar a ellas, pero no tratas de **indagar en ti**, en qué sucede en tu interior y en comprender que fue lo que produjo esa sensación

**¿Quién eres realmente?**

Cuando alguien te pide que te describas, que digas cómo eres, probablemente dices cosas como:

*«Soy una persona simpática, doy mucho por las personas que quiero, pero tengo mucho carácter».*

Muy bien, pero ¿eso te diferencia de los millones de personas que hay en el mundo? No. Es una definición **básica, superficial**, que denota que **no sabes realmente quién eres**, que **vives con un desconocido** (tú mismo).

Seguramente **conoces mejor a tu pareja, a tu mejor amigo e incluso a tu mascota que a ti mismo**. ¿Por qué sucede esto? Porque a ellos **sí les has dedicado tiempo**. Has escuchado atentamente cuando te hablan, les has prestado atención y, en el caso de tu perro, *te has tomado el tiempo para jugar con él cuando ladraba juguetonamente.*

Por esas personas **te has esforzado en involucrarte, conocerlas, hacer preguntas, indagar en sus pensamientos y emociones**. Y con tu mascota, *has compartido momentos de juego y compañía*. Podrías decir con certeza **qué les gusta y qué no, cuáles son sus virtudes y defectos**; incluso serías capaz de anticipar sus reacciones y saber si están **tristes o alegres con solo mirarlos durante unos segundos.**

¿*Verdad que sí*? ¿Y por qué crees que sucede esto? Porque, a lo largo del tiempo, **has hecho un esfuerzo consciente por conocerlos, te des cuenta de ello o no.**

Pues bien, **de eso se trata**, pero esta vez, **aplicándolo a ti mismo**. Se trata de que **te conozcas de verdad**, de que pases tiempo contigo, pero no de cualquier forma, sino con *calidad*.

Significa estar contigo **en todos los sentidos**, incluso cuando te enfrentes a esas partes de ti que menos te gustan. Porque solo cuando te das el espacio para explorarte sin juicios, con paciencia y honestidad, puedes empezar a comprenderte de verdad.

**Sé honesto contigo: conócete**

La verdad es que, si nuestro entorno lo supiera todo sobre nosotros, **probablemente querríamos a menos personas cerca**; aquellas que pudieran señalar esos pequeños detalles que intentamos ocultar. Porque, seamos honestos, **todos tenemos aspectos que nos cuesta reconocer**.

Y eso está bien. **No somos perfectos**. Hemos venido a este mundo con pequeños desafíos, y *nadie está exento de ello*. Podemos pasarnos la vida **disimulándolos o trabajándolos**, pero lo cierto es que siguen ahí. Lo importante no es *eliminarlos* o *hacerlos desaparecer*, sino **aprender a lidiar con ellos**.

Sin embargo, muchas veces, en lugar de **identificarlos, analizarlos y trabajar en ellos**, simplemente preferimos *ignorarlos*.

Pero ¿qué sucede cuando hacemos esto? ¿Qué pasa cuando eliges no mirarte de frente, no darte la oportunidad de conocerte y aceptarte? Pues que esas fallas, en lugar de desvanecerse, **se hacen más evidentes**. No solo terminan afectándote a ti, sino también a quienes te rodean. Porque al no reconocerlas ni aprender de ellas, **siguen ahí, condicionando tu vida y tus relaciones**.

**No somos seres de luz perfectos**

No podemos ser **seres de luz todo el tiempo**, es imposible. Los humanos sentimos **rabia, celos, odio, envidia, tristeza** Y no pasa nada, **está bien sentir**. Lo realmente importante es **lo que hacemos con esas emociones**.

Nos esforzamos mucho por negar que, en ciertos momentos, **experimentamos emociones desagradables**. No siempre pensamos bien de los demás, a veces alguien nos cae mal sin razón aparente y, en ocasiones, sentimos envidia de quienes consideramos más exitosos que nosotros.

Queremos ser perfectos: **la pareja ideal, el padre o la madre ejemplar, el mejor amigo y, en general, la mejor persona del mundo**. Pero seamos realistas: *esto es imposible*. Por supuesto, siempre podemos esforzarnos por ser mejores cada día, pero **pretender la perfección en todo es una meta inalcanzable**.

***El ejemplo de la maternidad idealizada***

Esto sucede, por ejemplo, en el mundo de la maternidad. Una experiencia que, con frecuencia, se idealiza tanto que aquellas madres que no viven el embarazo o el posparto de ensueño—ese que supuestamente deberían tener según los estándares impuestos—terminan experimentando **un profundo sentimiento de culpa** y añoranza.

La madre ideal siempre sonríe, vive el tener un hijo como lo mejor que le pasó en la vida y **jamás siente nada negativo hacia su bebé** porque, claro, «**es su madre**».

¿Con qué nos encontramos entonces? Con madres agotadas, que no duermen nunca, que a veces acaban hartas, que se desesperan y que necesitan desconectar. No es extraño que una madre, en un momento duro, **se pregunte si tomó la decisión correcta.** No obstante, ¿cómo decir eso en voz alta? Sería considerada **una mala madre.**

Entonces, **se lo guarda para sí misma**, y cada día se pregunta **qué le falla a su instinto maternal**, dónde está **esa maternidad idílica de la que le hablaron**, y **qué está mal en ella.**

Y la respuesta es: **nada, no le falla absolutamente nada.** Esto sucede porque está mal visto **sentir ciertas cosas.**

**Normalizar emociones desagradables**

Es imposible que todo lo que sintamos sea **bonito, agradable e inolvidable.** *No es humano ni realista* esperar eso de alguien, y mucho menos de nosotros mismos, que estamos **todo el día conviviendo con nuestros propios pensamientos y emociones, muchas veces en conflicto.**

Por eso, es fundamental **normalizar las emociones desagradables**; todos las experimentamos en algún momento. Pero, al mismo tiempo, **también es importante atesorar los pensamientos y sentimientos positivos**, porque **ellos también forman parte de nuestra vida.**

Si en ocasiones sentimos emociones "feas" como **la envidia o los celos**, y estas se vuelven recurrentes, podríamos llegar a pensar que somos personas envidiosas o celosas. **Puede sonar terrible**, pero *más terrible aún es engañarnos a nosotros mismos*, ignorarlo y no aprender a lidiar con ello. **No tienes que ser perfecto**, solo **esforzarte por ser mejor cada día**, aprender a reconocer esas emociones y trabajar en ellas. Porque si no aprendes a gestionarlas, **terminarás cargando a los demás con esos sentimientos.**

***¿Cargar a los demás con ello? ¿Por qué? Ahora te lo explico.***

**Ejemplo: los celos en pareja**

Imagina que ves a tu pareja **hablando con otra persona**, riéndose y siendo amable. Esto **te molesta profundamente**. Cuando tienes la oportunidad de hablar con él, **le reclamas**, diciéndole que estaba coqueteando. **Te enfadas, lo haces sentir mal, lo acusas de flirtear o incluso de ser infiel**, cuando en realidad **no estaba haciendo nada malo**. Solo estaba siendo *cortés, amable* y disfrutando *sanamente* de una conversación con un amigo o amiga.

**¿Qué sucede aquí?**

El problema es que **ignoras o desconoces que eres una persona celosa**, y terminas **proyectando en la otra persona esas emociones desagradables** que la situación te generó. Sin embargo, la realidad es que, en ningún momento, *a tu pareja se le pasó por la cabeza hacer algo indebido.*

La verdad es que, aunque te cueste admitirlo, **el problema no es que tu pareja hable con alguien atractivo, sino que tus propias inseguridades te hacen ver cosas que en realidad no existen. No está pasando nada más allá de una simple conversación.**

**Reconocerlo es el primer paso**

¡Ojo! Ser una persona celosa **no implica que no puedas cambiarlo**, ni que debas conformarte con ello. **Todo sentimiento que genere malestar** a nosotros o a los demás **puede trabajarse si queremos mejorarlo**. Recuerda la elección está en ti.

**Ten presente que**: ser honesto contigo misma, reconocer tus emociones y trabajarlas **te dará el poder de tomar las riendas de tu vida.**

# Segunda Parte: Las Emociones Y Los Sentimientos Que Conllevan

Como seres humanos, experimentamos emociones de todo tipo: **rabia, tristeza, odio, envidia, pena, celos...** Estas emociones son **completamente normales** y no definen quién eres en realidad, siempre y cuando **aprendas a gestionarlas y sepas lidiar con ellas.**

**La importancia de reconocer quién eres**

Lo que trato de decirte es que **es fundamental ser conscientes de cómo somos**, por mucho que nos cueste admitir ciertas cosas.

Sin embargo, reconocer nuestros desafíos **no significa que tengamos que ir gritando a los cuatro vientos** aquello en lo que fallamos. Lo realmente importante es **ser honestos con nosotros mismos**. Porque solo cuando aceptamos nuestras dificultades podemos empezar a trabajar en ellas.

Si te lo propones, **verás cómo, poco a poco, empiezas a mejorar cada día.**

Antes mencioné la envidia, y creo importante poner también un ejemplo sobre este sentimiento, ya que **es más recurrente de lo que solemos admitir**. Muchas veces **lo ignoramos o lo disfrazamos con otras excusas**. Pero ahora lo entenderás mejor.

**Pongámonos en contexto**

Imagina a la típica influencer que expone su **vida perfecta y maravillosa** en redes sociales. Al verla, *algo dentro de nosotros se remueve*. Sentimos una emoción desagradable que, en lugar de analizar y cuestionar, simplemente dejamos salir.

En ese momento, **depositamos toda la responsabilidad en ella**, sin darnos cuenta de que, en realidad, **es nuestra envidia la que está hablando**.

Comparar su vida con la nuestra **nos pone los nervios de punta**, y de pronto, cualquier cosa que haga **nos parece motivo suficiente para criticarla**

**duramente**. Se convierte en un blanco fácil. **Juzgamos sin piedad**: su forma de ser, su apariencia, lo que hace y hasta con quién lo hace.

Para justificar nuestro rechazo, recurrimos a frases como:

- *«Es que es muy artificial».*
- *«En persona no debe ser tan guapa».*
- *«Se le nota que es una interesada».*
- *«Seguro está con su pareja solo por dinero».*

Sin darnos cuenta, **nuestro juicio no habla de ella, sino de nosotros**

¡Como si alguno de estos argumentos justificara nuestra rabia!

Después de tanto odio injustificado hacia alguien que **no nos ha hecho nada**, ¿no se nos ocurre pensar que, en realidad, **esto es envidia**?

Pues sí, lo es.

Si realmente nos conociéramos y hubiéramos hecho un trabajo profundo de introspección, **reconoceríamos este sentimiento** y podríamos **gestionarlo de una manera más sana**. Pero al negarlo, **le damos poder**. Permitimos que crezca, que se arraigue en nosotros y, finalmente, **se convierta en veneno**.

Un veneno que no solo afecta a la otra persona, sino que, lo peor de todo, **termina dañándonos a nosotros mismo**.

**¿Cómo empezar a conocerte?**

Entonces, ¿qué hacer para comenzar a conocernos?

Cuando llegas a casa tras un día lleno de ruido, conversaciones, vehículos, llamadas y te sientas en el sofá, **¿con quién estás? ¿Quién es esa persona?**

**Cuéntate a ti cómo eres**, pero cómo eres **realmente**, no cómo quieres ser ni cómo te ven los demás. **Conócete, conoce tus puntos débiles**, aquello que te hace perder los papeles, lo que no te gusta de ti, lo que te cuesta reconocer.

¿Quieres ser mejor persona? Pues **identifica lo que te lo impide y trabájalo**.

Te invito a que te hagas preguntas, que te critiques (constructivamente), que seas honesto contigo mismo, que indagues, que seas crítico.

Pregúntate:

- ¿Por qué has tenido ciertos problemas en tu vida?
    - Si dices que siempre es culpa de otros, **te equivocas**.

- Si dices que siempre es culpa tuya, **también te equivocas.**

Por lo general, es una mezcla de ambas cosas. Pero, como ahora no importan los demás, **¿qué hiciste tú? ¿Se repite algún patrón de tu conducta?**

No es momento de justificarse, sino de ser **crítico y justo contigo mismo.** Pregúntate:

- ¿Qué errores sueles cometer con los demás?
- ¿Qué sentimientos negativos tienes y de dónde vienen?
- ¿Qué errores has cometido y por qué?

**Potencia también tus virtudes**

¡Ojo! **No solo se trata de conocer lo malo**. También debemos conocer **nuestra parte bonita**, porque los errores hay que trabajarlos, pero las virtudes hay que **potenciarlas.**

Pregúntate también:

- ¿Qué cosas tengo que me gustaría ver en quienes me rodean?
- ¿Qué se me da bien?
- ¿Qué talentos tengo?
- ¿Por qué me quieren los demás?
- ¿Qué valoran mis seres queridos de mi forma de ser?

La parte buena, positiva y empoderada es igual de importante que la mala o negativa. Al final, **no busques perfección**, sino sentirte mejor contigo mismo.

**La importancia de la introspección y la anticipación**

El objetivo es que, algún día, cuando sientas algo desagradable o reacciones de forma inadecuada, puedas decirte a ti mismo:

*«Hey, esto lo estás sintiendo por X motivo, trata de gestionarlo, porque está dentro de ti».*

Por ejemplo, con los **celos**, podrías decirte:

*«Esto que sientes son celos, ya sabemos que eres celosa, así que trata de gestionarlo para no pagarlo con tu pareja».*

O bien, **hablar con tu pareja** con honestidad:

*«Cariño, sufro de celos y lo estoy trabajando. No quiero cargarte con ello, porque no es tu culpa, pero verte con esa chica me hizo sentir mal. Si me notas rara, no es por ti. Haré lo posible para que se me pase».*

O mejor aún, **conocerte tanto** que puedas anticipar cómo ciertas situaciones te harán sentir, generando menos malestar. Algo así como:

*«Mi pareja ha quedado con una amiga. Confío en él, pero me conozco y sé que podría sentirme mal. Hablaré conmigo misma para prepararme y luego planearé actividades para mantener mi mente ocupada».*

De eso se trata, de **conocernos tanto que sepamos manejarnos y corregirnos.** Se trata de decirnos:

*«¡Eh! Sé por dónde vas y no me gusta, no te lo permitiré».*

No elegimos nuestras emociones, pero **sí cómo interpretarlas y actuar ante ellas.** Madurar es conocerte lo suficiente como para **aprender a manejarte a ti mismo.**

**¿Qué me gusta hacer cuando estoy solo?**

Una parte fundamental de conocerte es **saber qué te gusta hacer cuando estás contigo mismo.** Pero ¡qué miedo nos da hacer cosas solos!

En casa, cuando nadie nos ve, no nos importa. Pero ¿ir al cine solos? ¿Cenar en un restaurante solos? ¿Ir a la playa sin compañía? **Uf, qué difícil.**

Creemos que si alguien nos ve solos en algún lugar pensará que **no tenemos amigos, que no tenemos vida social, que llevas una vida solitaria.** Sin embargo, cuando nosotros vemos a alguien solo, **no pensamos de esa forma.** Curioso, ¿no creas tu?

**Malas (o buenas) noticias:** una de las mejores formas de empezar a **conocerte y gustarte** es **pasar tiempo contigo mismo.**

**Ideas para disfrutar de tu compañía**

- **Leer un libro en una terraza**: disfruta del sol, imagina historias sobre quienes pasan cerca, ríete contigo mismo.
- **Bailar la música de tu adolescencia**: cierra los ojos, siente, olvídate de hacerlo bien.
- **Tarde de autocuidado**: mascarilla facial, manicura, masajearte con tu crema favorita. **Hazlo con amor.**
- **Ir a ver un monólogo**: arréglate, siéntete empoderado, ríete solo.

- **Ir al cine solo**: quizá difícil, pero poderoso. Elige una película que te haga sentir bien.
- **Cocinar una receta pendiente**: compra ingredientes con calma, cocina despacio, disfruta.
- **Salir a caminar o correr**: música que te haga sentir poderoso.
- **Probar la meditación**: canal de YouTube Meditación3 o aplicaciones como Petit Bambou.
- **Poner incienso, velas, música relajante y leer**: céntrate en el momento.
- **Visitar una librería grande**: disfruta el olor, las páginas, el proceso.
- **Hacer arte**: puzzle, colorear mandalas, barro, **¡crea!**
- **Yoga**: empieza con vídeos de Xuan Lan Yoga.
- **Ordenar armario o cajones**: música, canta, ríe, llora. Libérate.

**La clave**: no solo hacer actividades, sino **disfrutar realmente** del momento, aplicar **mindfulness**, sintiendo cada cosa.

**Recomendación final**

Ordena estas actividades de **más fácil a más difícil**. Comienza por las sencillas, luego añade nuevas.

**No te rindas**. Conocerte requiere tiempo, **pero valdrá la pena**.

# Tercera Parte: Tus Emociones Son Parte De Ti, Aprende A Llevarte Bien Con Ellas

Quiero contarte algo, y tú decides si te sientes identificado o identificada, ¿vale? ¡Vamos allá!

**Imagina esto**: Alguien te dice o hace algo que te **ofende profundamente**, que te **remueve por dentro**, que te **enfada** muchísimo. De repente, empiezas a sentir una **mezcla caótica de emociones** que no sabes ni de dónde vienen, pero que desde luego **no son nada agradables**.

Ese comentario o acción te debe haber **recordado otras situaciones dolorosas**, quizás te ha encontrado en un **momento vulnerable**, o viene de una persona con quien **ya no puedes más**... Sea lo que sea, el resultado es el mismo: **se te revuelve todo por dentro**.

Empiezas a sentir una **necesidad urgente de llorar, de gritarle, de salir corriendo o de estrujar algo con fuerza**. Si lloras, probablemente **sientas vergüenza**, porque odias mostrarte vulnerable, y piensas que la gente te verá cómo alguien débil. Intentas disimularlo, pero **se nota aún más**, lo que te enfada todavía más contigo mismo por no haberlo gestionado mejor.

O, quizás, en lugar de llorar, **explotas**. Te enfadas, gritas, dices cosas que quizás tienen sentido, pero que pierden peso porque, cuando explotas así, **nadie realmente te escucha**.

Puede que no llores ni explotes, y prefieras **guardártelo todo bien adentro**, fingiendo estar bien. Entonces llegas a casa y, en la intimidad, lloras desconsoladamente o te desahogas injustamente con alguien que no tiene la culpa. Y luego, cuando estás más calmada, **te das cuenta de que no era para tanto**, y te culpas por no haber reaccionado mejor.

¿Te suena familiar?

**Primero, entendamos qué son realmente las emociones**

Permíteme explicarte **un poquito de teoría** que te ayudará a entender mejor tus reacciones.

**Las emociones** son reacciones naturales del ser humano, cuya función es **adaptativa.** Es decir, nos preparan para actuar **de manera eficaz** ante ciertos estímulos externos.

**No hay emociones buenas ni malas**, sino **agradables** (como la alegría) o **desagradables** (como la tristeza o el miedo). Pero todas tienen un **propósito valioso**: ayudarnos a **adaptarnos, relacionarnos y conocernos mejor**.

Lo realmente importante es **tomar conciencia de estas emociones y aprender a gestionarlas**. Así que, volvamos a nuestro ejemplo inicial para entender esto mejor.

**¿Cómo gestionar una situación emocionalmente desbordante?**

Imagina que estás **discutiendo con tu pareja** y, de repente, dice algo que te hace enfadar muchísimo. (Este ejemplo es válido para relaciones sanas. Si estás en una relación de maltrato, por favor, busca ayuda profesional; el problema no está en ti).

Tu pareja dice algo que **pulsa el botón equivocado**, y empiezas a sentir que **lava hirviendo corre por tus venas**. Tienes muchas opciones impulsivas:

- **Echarle en cara mil cosas acumuladas.**
- **Gritarle** e iniciar una guerra de gritos.
- **Irte pegando un portazo.**

Pero **espera**, antes de reaccionar así, piensa en esto: **Si no sabes lo que sientes realmente, es imposible reaccionar de manera adecuada**. Por eso, en ese preciso instante en el que empiezas a sentirte desbordado emocionalmente, **es crucial que pares.**

Tienes todo el derecho de decir:

*«Dame un momento, necesito calmarme».*

**¿Qué hacer en ese momento crítico?**

Cuando te hayas retirado de la situación, sigue estos pasos con calma:

**1. Observa tu cuerpo**

- ¿Qué sientes físicamente? ¿Taquicardia, calor, tensión muscular, ganas de llorar, mucha ira?

- **Respira profundamente**, cierra los ojos un instante.
- **Acarícíate con cariño**, reconfórtate.
- **Háblate con calma**:

*«Estás poniéndote nervioso y no es bueno para ti. Vamos a relajarnos», «Tranquila, percibes esto como amenaza, pero quizás no lo sea tanto. Relájate para pensar claramente».*

Puede parecer una tontería, pero pregúntate: **¿cómo calmarías a un amigo?** Exactamente igual: **con cariño y comprensión.**

**2. Escúchate a ti misma**

Cuando estés algo más calmada, **pregúntate**:

- **¿Qué me pasa realmente?**
- **¿Qué emociones estoy sintiendo?**
- **¿Por qué estoy sintiéndome así?**
- **¿Me recuerda a algo anterior que no he superado?**

**Intenta darle sentido a lo que sucede dentro de ti**, entiende tu respuesta emocional. Así, podrás **manejar mejor la situación.**

**3. Evalúa la realidad**

Pregúntate ahora con calma:

- **¿La situación es tan terrible como parece en este momento?**
- **¿Realmente vale la pena que reaccione así?**
- **¿Cómo puedo responder mejor?**

**4. Decide tu respuesta**

Una vez calmada y entendiendo mejor lo sucedido, **elige tu respuesta conscientemente**, pensando:

- **¿Esta forma de responder va a mejorar o empeorar la situación?**

Si decides **dejar de echar más leña al fuego**, probablemente la situación **mejore**. Si sigues en un círculo vicioso, la situación solo se dañará más.

**¿Qué prefieres? ¿Mejorar o destruir?**

**La clave: aprende a autorregularte con cariño**

No existe una **regla universal**, cada situación es distinta. Pero sí existe **una clave esencial**: aprende a **calmarte a ti misma** con cariño y paciencia para analizar la situación desde la tranquilidad, y así **tomar decisiones más sanas**.

No siempre lograrás hacerlo perfectamente, **y eso está bien**. No somos ordenadores. Es normal y saludable **permitirte fallar a veces**. Pero, en la medida de lo posible, esta práctica **será lo más sano para ti** y, a menudo, para quienes te rodean.

**Aprende a llevarte bien con tus emociones**. No son enemigas, **son parte de ti**. Conocerte, escucharte y calmarte te ayudará a vivir **con más tranquilidad y bienestar**.

**Recuerda siempre**: no eliges lo que sientes, pero sí **puedes elegir qué hacer con eso que sientes. Madurar es conocerte lo suficiente como para manejarte con sabiduría y amor propio.**

# Cuarta Parte: ¿Qué Nos Produce Temor? O ¿A Qué Le Tenemos Miedo?

Hay personas que **nos imponen miedo**, otras que nos generan **una necesidad constante de aprobación**, y algunas que nos producen **sentimientos encontrados.**

**Hablemos de eso**: ¿qué sucede cuando tenemos que **enfrentarnos a alguien** que consideramos **superior**, o a quien le tenemos demasiado **respeto (o miedo)**? Puede ser una jefa, un hermano mayor, un padre autoritario o incluso una amiga a la que, por alguna razón, le hemos dado más poder del debido.

**Cuando sentimos miedo frente a alguien**

Cuando nos enfrentamos a alguien que percibimos como una **autoridad** o **superior a nosotros**, es habitual que sintamos:

- **Ganas de llorar**
- **Parálisis**
- Incapacidad para responder
- Permitamos que esa persona **nos pase por encima**

En estos momentos, **es esencial que nos calmemos a nosotros mismos.** Pero también es importante que analicemos:

- **¿Por qué le hemos dado ese poder a dicha persona?**
- **¿Por qué la consideramos superior?**

Hay personas que **se creen superiores** y se colocan ellas mismas en un pedestal, pero eso **no quiere decir que tengamos que respetar el escalón que ellas mismas se han asignado.** Recuerda esto siempre: esa persona es **igual de importante que tú**, merece el **mismo respeto que cualquier otra persona**, y no tiene ningún derecho a humillarte o hacerte sentir inferior. **Nadie lo tiene, sea quien sea.**

**Grábate esto en la mente y el corazón**, y repítetelo cuando tengas que enfrentarte a alguien así:

*«Esta persona es igual que yo, y si me hace sentir menos, es porque me está faltando al respeto».*

**No dudes en decir algo como**:

*«Con tu forma de hablar y actuar, me generas malestar y me haces sentir inferior cuando sé perfectamente que no lo soy. Por lo tanto, prefiero alejarme de ti».*

**Alejarse: a veces es necesario**

Sí, **alejarte**. Reflexiona un momento: **¿Realmente quieres en tu vida a alguien que te genere malestar o te haga sentir pequeño? ¿Para qué? ¿Qué necesidad tienes de mantenerte cerca de personas así?**

**Deja de buscar aprobación** de personas que son dañinas para ti. Muchas veces, **heridas del pasado** nos llevan a buscar la aprobación precisamente de aquellos que **son duros o críticos con nosotros**, algo que nos hace daño y **no entendemos por qué repetimos una y otra vez.** ¿Te suena familiar?

**Pues basta ya.** Nadie merece que **tengas que demostrarle que eres una persona válida.** Nadie tiene que venir a darte el visto bueno como ser humano. **Tú ya lo tienes.** Eres válida, mereces **respeto y amor**, así que **aléjate de las personas que te hagan dudarlo.**

**Cuando el miedo viene por jerarquía**

En otras ocasiones, el miedo viene por el **puesto o cargo que esa persona ocupa** (un familiar autoritario, alguien con mayor jerarquía laboral). Pero, incluso si están **por encima de nosotros en alguna jerarquía**, esto **no les da derecho a pisotearnos.** Nunca.

**Recuérdalo siempre**:

*«No hay posición que justifique que alguien me falte al respeto».*

Cuando te toque enfrentarte a alguien así, **es normal que te tiemble el pulso y te sude todo el cuerpo.** Pero:

- **Intenta relajarte**
- **Respira profundo**
- **Recuerda que es un ser humano igual que tú**

No es ningún superhéroe. Y, si **te falta al respeto** o te hace sentir mal, **aunque sea tu padre, madre o jefe**, está actuando mal. No es justificable. **No tiene derecho a hacerlo por ser quien es, punto.**

**El peligro de otorgarles poder excesivo**

Si actúas tratando como superior a alguien que **ya se siente superior**, esta persona **se crecerá aún más y te tratará con mayor inferioridad**. Sí, es injusto, pero **lamentablemente cierto**.

Por eso es tan importante **bajarlos de ese pedestal**. Son iguales que tú: sienten miedo, inseguridades, se equivocan, y, por lo tanto, **no son superiores a ti ni tienen el derecho de tratarte mal.**

**Idealizar a los semidesconocidos**

Pensemos ahora en los **semidesconocidos que idealizamos**, como **nuestros jefes o personas que admiramos** desde lejos.

¿No te ha pasado que, cuando conoces realmente a alguien que percibías como «**superior**», descubres que es un ser humano **normal y corriente como tú**? Con miedos, inseguridades, y fallos.

Entonces, **aplica esto mismo** a todas las personas que te hagan sentir inferior. Si las conocieras más a fondo, **no las verías así**. Dejarías de percibirlas como seres perfectos y las verías como son: **humanas.**

**Consejos prácticos para afrontar situaciones así**

**Te propongo esto**:

- **Bájala del pedestal** en tu mente. Visualízala como alguien igual a ti.
- **No dudes en marcar límites** si alguien te falta al respeto.
- **Practica respuestas** que puedas usar en esos momentos difíciles.
- **Fortalece tu autoestima.** Tú vales mucho, **independientemente de lo que piensen o digan los demás.**
- **Date el permiso** de alejarte de quien te daña.
- **Rodéate de personas** que te valoran por quién eres, no por quien pretenden que seas.

**Recuerda siempre esto**:

**Nadie tiene derecho a hacerte sentir pequeño.** Eres tan válido y valiosa como cualquier otra persona. Mereces **respeto, amor y buen trato**. Jamás permitas que **nadie** te haga dudar de eso.

# Quinta Parte: La Persona Perfecta ¿En Realidad Existe?

**¿Cómo debe ser la persona que quieres en tu vida?**

Aquí entramos en **terreno delicado**: la **selección de personal.** Suena frío, pero ¿sabes qué? Es exactamente lo que hacemos con nuestra vida y con quienes permitimos entrar en ella. No es lógico que **cualquier persona que se acerque a ti tenga automáticamente la posibilidad de formar parte de tu valiosísima vida.** Y, sin embargo, esto sucede muy a menudo.

**¿Por qué permitimos que esto suceda?** La respuesta es simple: porque **nadie nos ha enseñado a seleccionar bien a las personas.** Desde niños nos enseñan a **ser amables, a compartir, a tolerar, a perdonar, a tener paciencia y comprensión**, pero no nos han enseñado una habilidad esencial: **poner límites y decir «hasta aquí».**

**La analogía de la empresa**

**Imagínate que tienes una empresa**, puede ser de cualquier cosa. ¿No querrías a los **mejores compañeros** trabajando a tu lado? ¿No evaluarías cuidadosamente a quién contratas, asegurándote de que sea una persona que **aporte valor y haga crecer a la empresa?**

**Por supuesto que sí.** Sería absurdo que contrataras al primero que entre por la puerta sin asegurarte de que es un buen candidato. Construirías un equipo sólido, o **al menos lo intentarías.**

**Pues bien, con tu vida y tu tiempo es exactamente lo mismo.**

Tu vida **es tu empresa más valiosa**, tu mayor inversión:

- Te lo juegas **todo en ella.**
- **No puedes permitir que entre el primero que se presente**, sin antes valorarlo cuidadosamente.
- Porque después, inevitablemente, **pasa lo que pasa.**

**¿Qué pasa cuando no seleccionamos bien?**

Sucede que las **relaciones interpersonales son complicadas**. Es **imposible llevarse bien con todo el mundo**, y eso está bien, es natural. Pero, para saber si congeniamos o no con alguien, debemos **dedicar un tiempo a conocer a esa persona**. Y aquí llega **el verdadero problema**.

Una vez hemos conocido a alguien, aunque sintamos que **no encajamos del todo**, a veces nos **sentimos mal de distanciarnos** porque hemos **invertido tiempo en esta persona**. Gran error. Y esta es una de las razones más comunes por las que acabamos manteniendo en nuestra vida a personas que **nos restan más de lo que nos suman**.

Pero **recuerda esto siempre**:

*No importa lo difícil y largo que sea el camino recorrido, si no es el camino correcto,* ***da la vuelta.***

**Limpieza de personal: ¡necesaria de vez en cuando!**

De vez en cuando, **es imprescindible hacer una limpieza en nuestro círculo cercano**. Piénsalo sinceramente:

- **¿Cuántas personas que forman parte de tu vida te están restando actualmente?**
- ¿Cuántas amistades mantienes **por simple costumbre**? ¿Por el argumento de *«son muchos años»*?
- ¿Cuántas relaciones de pareja conservas **por inercia o miedo al cambio**?
- ¿Cuántos familiares soportas únicamente «**porque son familia**»?

Sí, sé que **no es fácil**, y entiendo que habrá algunas personas de las que, simplemente, **no podrás alejarte** (como un compañero de trabajo). Pero, **al menos piénsalo**. Reflexiona sobre quién realmente **aporta valor a tu vida** y quién no.

**No se trata de que sean malas personas**

Con esto, **no quiero decir que aquellas personas con quienes no encajas sean malas personas**, ¡para nada! De hecho, puede tratarse de personas **maravillosas**, pero que simplemente **no conectan contigo**, y eso está bien. Pero entonces, pregúntate:

**¿Por qué debería alguien que no encaja contigo o que te hace daño tener el privilegio de formar parte de tu vida?**

**No hay ninguna razón lógica** para ello. Y por eso, **debemos aprender a decir «hasta aquí»**. No desde la rabia o el rencor, sino **desde el respeto y el amor propio**, entendiendo que **nuestra vida es valiosa y que debemos cuidarla** como lo más importante que tenemos.

**Rodéate bien, vive mejor**

En resumen, **elige bien a las personas que permites entrar en tu vida**. Cuida tu entorno, porque este influye directamente en tu bienestar emocional. Asegúrate de que las personas a las que **dedicas tu tiempo, energía y cariño** sean personas que realmente:

- **Te aportan**
- **Te suman**
- **Te hacen sentir bien**
- **Te motivan**
- **Te inspiran**
- **Te cuidan**

Tu tiempo y tu vida son demasiado valiosos como para **permitir que personas tóxicas o incompatibles te quiten energía**. Aprender a seleccionar bien a quienes te rodean es, al final, **una de las formas más sanas y bonitas de quererte a ti mismo**.

**Recuerda siempre esto**

**Tu vida es tu empresa más importante**. Rodéate únicamente de personas que realmente **merecen contratarse** para formar parte de ella.

Porque, al final, **elegir a las personas adecuadas es elegir felicidad y tranquilidad para ti mismo**.

# Sexta Parte: El Camino Recorrido, El Gran Sendero De La Vida

Si descubres que el camino que has recorrido no es el correcto, **no temas dar la vuelta y empezar de nuevo**. Encontrar el verdadero sendero puede ser difícil y doloroso, sí, pero te aseguro que **quedarte estancado en el lugar equivocado** es aún más duro.

**Las personas que forman parte de tu vida**

Debemos comenzar a comprender que las personas que forman parte de nuestra vida tienen un **puesto privilegiado en nuestro presente**. Y no todo el mundo merece ese privilegio, **eso es así**.

Solo aquellas personas que realmente **te hacen sentir bien**, que **te aportan algo valioso**, merecen ocupar ese huequito especial en tu vida.

Por eso, te propongo algo:

- **Selección de personal**: antes de permitir que alguien entre en **tu empresa (tu vida)**, evalúa cuidadosamente si aporta o resta.
- **Limpieza de personal**: si llevas tiempo sin hacer selección y se te han colado personas que solo te restan, haz una limpieza. Es necesaria y saludable.

**Nadie tiene que ser para toda la vida si tú no quieres**

Es duro, pero real: **nadie tiene que ser para toda la vida** si no te hace bien. Ni un amigo de la infancia, ni un familiar por el simple hecho de ser familia, ni una pareja, aunque sea la madre o el padre de tus hijos.

Sé que esto es muy difícil, o incluso **dificilísimo**, dependiendo de cada situación, pero **nada debería atarte a una relación que te atormenta**.

A veces, **seleccionar bien** a quien le das el privilegio de formar parte de tu vida implica tener que **cortar lazos con personas que han estado ahí durante**

**años**. Y **sí, duele, duele muchísimo**, pero ¿sabes qué? Más difícil es vivir toda tu vida al lado de alguien que **te amarga o te hace daño**.

Cuando cortas una relación dañina, sufres **semanas o meses**. Pero si no la cortas, **sufres toda la vida.**

**¿Qué cosas nos frenan a finalizar una relación?**

- **Los recuerdos bonitos**: Sí, hubo momentos lindos, **pero ya pasaron**. Atesora esos recuerdos con cariño, pero no te ates por ellos. Las relaciones pasadas nos conmueven, pero **no nos atan**.
- **Las expectativas y planes de futuro**: Duele tener que renunciar a lo que **todavía no teníamos**, ¿verdad? Es irónico, pero real. Nos duele perder planes de futuro imaginarios. Pero, piénsalo bien, ¿vas a mantenerte en una relación que no te hace feliz solo porque habías planeado cosas bonitas? **No tiene sentido**. Las expectativas de hoy se rompen, pero **otras nuevas se crearán más adelante**.
- **Las cosas en común**: Familia compartida, amigos en común, un trabajo juntos Pueden ser motivos fuertes, sí, pero pregúntate: **¿Estos motivos son tan de peso como para costarte tu paz?** Quizás al inicio pienses que sí, pero **piénsalo dos veces**. ¿Realmente **mereces ser infeliz** por algo así? Quizás haya formas de **mantener distancia emocional y física suficiente** para que no te haga daño.

Sé que hay personas de las que es **imposible alejarse completamente**. En estos casos, trata de **desvincularte lo máximo posible** y aprende a sobrellevar su presencia, dándole el mínimo espacio e importancia en tu vida.

**Una ruptura (del tipo que sea) NO es un fracaso**

Cuando finalizamos una relación que **encajaba con nuestro plan de vida**, sentimos que **hemos fracasado**. Como si todo ese tiempo invertido se hubiera perdido. **Pero no es así.**

Hay personas que vienen a nuestra vida **a cumplir una misión**, a compartir un tiempo con nosotros y después irse. A veces **se alejan ellas**, otras veces **nos alejamos nosotros**, o simplemente la vida nos lleva por **caminos diferentes**.

Sea cual sea el motivo, **no lo vivas como un fracaso**. Durante esa relación:

- **Aprendiste**
- **Disfrutaste**
- **Reíste**
- **Descubriste cosas**
- **Compartiste momentos valiosos**

Solo por eso **ya valió la pena**. Ahora terminó, y está bien que duela, pero **no es un fracaso, sino parte del proceso natural de vivir**.

En la vida, hay personas que **vienen para quedarse** y otras que simplemente **están de paso**, igual que tú en la vida de los demás. Recordemos que el sentido de la vida no es llegar a la meta, **sino disfrutar el camino**.

**Aprendamos a apreciar a las personas** que pasan por nuestra vida mientras están en ella, y a respetar cuando llegue el momento de dejarlas ir. Y sí, a veces tendrás que **echarlas tú mismo**, y eso está bien también. **Aprende a soltar**, aunque sea doloroso. Aferrarte a algo que ya no pertenece a tu vida solo **te hace daño**.

**Una bonita forma de decir «adiós»**

Una forma hermosa y sanadora de **despedirte de alguien** a quien has querido mucho es escribir una **carta de despedida**. En ella:

- **Explícate a ti mismo que dejas ir a esa persona**
- **Acepta y respeta su partida**
- **Agradece sinceramente** el tiempo compartido

Puedes **quemarla, romperla o guardarla**, pero muchas veces, en momentos de añoranza, **releerla puede ayudarte**.

Acepta que las personas no tienen que ser para siempre. Si alguien ya no está, está bien. **Recuerda con cariño su presencia y respeta que ya no forme parte de tu vida**.

Y no olvides: **permítete llorar lo necesario**, es esencial **hacer el duelo** y permitir que esas heridas sanen.

**Saber poner límites y decidir qué no toleras**

Escuchamos siempre eso de: *«tienes que aprender a poner límites»*. Lo entendemos, pero ¿cómo se hace?

Cuando llevas toda una vida diciendo «**sí**» **para no decepcionar o por miedo a la reacción de otros, no es fácil empezar a poner límites.**

Los límites son **esas líneas invisibles** que marcamos al relacionarnos. Todos tenemos límites, **pero no todos sabemos cuáles son los nuestros** y, por ende, **ni los comunicamos ni los respetamos.**

Si alguien **cruza tus límites una y otra vez**, terminas enfadado con esa persona, pero sobre todo contigo mismo por no haber dicho «**hasta aquí**», «**basta**» o «**no**». Y es que, aunque esa persona nos hizo daño, **nosotros mismos permitimos que eso pasara.**

Por eso, **los límites son vitales** para relaciones sanas: enseñan a los demás **cómo tratarnos.** Si constantemente **haces la vista gorda ante lo que te hace daño**, no te haces ningún favor.

**Ahora, tómate un momento para reflexionar sobre esto:**

- **¿Qué cosas me hacen daño y aun así las permito?**
- **¿Qué no debería tolerar jamás?**
- **¿Con qué situaciones odio tener que hacer la vista gorda?**

Esas respuestas **son tus límites.**

**Una vez identificados**, aprende a ponerlos **con asertividad, cariño y respeto.** No lo hagas con agresividad, porque solo lograrás que la otra persona **reaccione a la defensiva.**

**Recuerda siempre esto:** Eres el arquitecto de tus relaciones: Define los límites y el respeto que mereces. Establecer límites claros es esencial: No toleres menos de lo que mereces. Aprende a poner límites, aunque sea difícil. Porque **más difícil es vivir una vida tolerando cosas que no mereces.**

# Séptima Parte: El Error Del Silencio, Lo Que Callamos Y No Decimos

**Todo aquello que callamos, reprimimos o guardamos dentro por miedo a decepcionar a los demás, en realidad solo consigue una cosa: decepcionarnos a nosotros mismos.**

Así es, cada vez que callamos algo que nos duele, **acumulamos un poquito más de frustración, resentimiento y tristeza** dentro de nosotros.

**Ejemplo: Nuestra amiga Mariam**

**Imaginemos que tenemos una amiga llamada Mariam**, que suele llegar tarde **cada vez que quedamos**. Nunca le decimos nada, pero nos **molesta profundamente**. Lo vamos guardando, acumulando en silencio... hasta que un día no podemos más. Y **ese día ha llegado**.

**¿Qué haremos?**

El día que Mariam llegue tarde otra vez, diremos:

*«**Mariam**, me encanta estar contigo y compartir momentos inolvidables a tu lado. Sin embargo, me incomoda mucho que siempre llegues tarde cuando quedamos en vernos.*

*Te agradecería que hicieras un esfuerzo consciente por ser puntual, ya que el respeto no es solo hacia mí, sino también hacia mi tiempo, y eso es algo que valoro mucho».*

A partir de aquí, **Mariam ya tiene la información que necesita.**

Y aquí **quiero hacer un inciso importante**:

- **Una persona que merezca tenerte en su vida**, que te quiera, te respete y te valore, **agradecerá** que le digas si algo que hace **te hace daño o molesta.**
- Una buena persona **nunca querrá que toleres cosas que te hieren**, especialmente si puede hacer un esfuerzo por cambiar eso.

**¿Qué pasa si, aun conociendo mis límites, alguien los cruza?**

Hasta aquí puede parecer **más o menos fácil**, aunque cueste un poquito, es posible. Pero **¡atención! Aquí viene la parte difícil**:

- No basta con **poner límites** y explicarlos a nuestro entorno.
- **Debemos asumir la responsabilidad de cumplir con las consecuencias** cuando alguien los cruza.

Porque, si no somos capaces de **aplicar una consecuencia**, entonces nuestros límites no serán límites, **sino amenazas vacías**. Es importante entender que los límites **no son amenazas**, sino **pautas claras** para enseñar a los demás cómo **tratarnos correctamente y sentirnos cómodos**.

**Es algo positivo para ambas partes.**

**Poniendo consecuencias: Ejemplo con Mariam**

Siguiendo con el ejemplo anterior, una forma de establecer **una consecuencia clara** sería decir:

*«**Mariam**, me encanta estar contigo y compartir momentos inolvidables a tu lado. Sin embargo, me incomoda mucho que siempre llegues tarde cuando quedamos en vernos.*

*Te agradecería que hicieras un esfuerzo consciente por ser puntual, ya que el respeto no es solo hacia mí, sino también hacia mi tiempo, y eso es algo que valoro mucho».*

***«Si llegas tarde la próxima vez que quedemos, lo más probable es que ya no me encuentres en el lugar acordado, ya que me habré ido a casa»***

Quizá, al no haber puesto límites nunca, **la gente de tu entorno se sorprenda al escucharte hablar así**. En ese caso, **siéntete libre de explicar**:

*«Sé que hasta ahora no habíamos hablado acerca de esto, y entiendo que pueda sonar extraño. Sin embargo, quiero que sepas que he decidido empezar a expresar lo que siento y pienso, para ser más sincero contigo y, sobre todo, conmigo mismo».*

**Las consecuencias de no poner límites**

> No establecer límites y vivir complaciendo a los demás termina afectando nuestras relaciones personales, incluida una de las más valiosas: *la que tenemos con nosotros mismos.*

Cuando no ponemos límites, nos exponemos a:

- **Tolerar situaciones incómodas.**
- **Reprimir lo que realmente deseamos expresar.**
- **Callarnos por miedo a generar un conflicto.**
- **Guardar rencor hasta llenarnos de resentimiento.**

Y, poco a poco, **nos vamos llenando de dolor y frustración**.

Aprender a poner límites no es un acto de egoísmo, sino de amor propio.

Aunque es cierto que muchas personas cruzan nuestros límites sin intención, también hay quienes lo hacen de manera consciente y deliberada, sin detenerse a pensar en el daño que causan.

Con estas últimas, quizá llegue el momento de plantearnos *mandarlas bien lejos* (dicho con cortesía). Pero, hablando en serio, hay personas a las que es mejor mantener a distancia.

Sé que poner límites no es una tarea sencilla, pero vivir tolerando aquello que te hace daño es aún más difícil. **No lo olvides nunca**.

**TU ESPACIO SEGURO**

Tu **espacio seguro** es el resultado final de todo lo que hemos visto hasta ahora. Ahora entenderás por qué.

Cuando ya has aprendido a **poner límites a los demás**, y has hecho una **buena limpieza de personal**, ¿qué te queda? Te quedan unas pocas personas **cercanas, valiosas**, a las que quieres y te quieren, que han pasado tus filtros porque, como ya sabes, **no cualquiera tiene el privilegio de formar parte de tu vida**.

Estas personas conforman **tu espacio seguro**, un lugar de refugio, protección y amor donde **te sientes valorada, cuidada, amada y querida. Un refugio al que volver** cuando afuera hace mucho frío.

**Hazte un espacio seguro**, un lugar especial, un hogar donde ser **tú misma sin miedo**, donde refugiarte cuando las cosas o las situaciones **se pongan feas**.

Porque sí, es maravilloso **tenerse a sí mismo**, pero también es muy importante **tener cerca a personas que nos quieran de verdad**.

Así que, como ya hemos visto: **selección y limpieza de personal** para elegir con cuidado **quién entra en tu espacio seguro**.

**¿Cómo son las personas que permites entrar en tu espacio seguro?**

Te dejo una guía útil:

- **Te respetan a ti y a tus límites.**
- **Son personas en las que confías plenamente**, a quienes puedes contar tus cosas personales sin miedo a que las usen en tu contra.
- **Viven con ilusión tus pasos en la vida**, te apoyan en tus proyectos y celebran tus logros o éxitos como propios.
- **Puedes contarles incluso aquello que te da vergüenza admitir ante ti misma**, porque sabes que están ahí para apoyarte y nunca te juzgarán.
- **Te escuchan y están contigo cuando las necesitas**, jamás te hacen sentir que eres **una molestia o una carga**.
- Con ellas **puedes llorar, expresar tus emociones libremente**, sin miedo a ser tachada de débil o exagerada.
- Puedes c**onfesarles abiertamente cuando algo te ha sentado mal**, sin miedo a su reacción, porque sabes que te escucharán sin prejuicios, y estarán atentas para alentarte.
- **Son personas leales, que te dicen la verdad con honestidad**, pero sin ser crueles ni jueces implacables. Siempre te hablarán con cariño, respeto y consideración.

Estas solo son algunas características generales que puedes tener en cuenta. **Recuerda que cada persona puede tener sus propios «requisitos»** para quienes permiten entrar en su espacio seguro.

**Para finalizar este punto ¡Te propongo un ejercicio!**

Dibuja un **círculo (que simboliza tu espacio seguro)** y **escribe los nombres** de las personas que consideras que cumplen con estos requisitos y merecen estar dentro.

Será hermoso si luego **lo compartes con las personas que están dentro**, hazles saber **cuánto significan para ti** y que forman parte de tu espacio seguro.

**¡Ah! y recuerda esto importante:**

**A tu espacio seguro tienes que cuidarla**. Pero, calma. Ahora hablaremos sobre eso.

# Octava Parte: Cuáles Son Tus Límites ¿Qué Es Lo Que Permites Y Lo Que No?

**No saber poner límites** termina por **desgastar** y **destruir** cualquier relación. Por eso es vital que sepas exactamente **hasta dónde permitirás llegar a los demás** y cómo protegerte a ti mismo y a tus relaciones.

**QUE TU MONSTRUO INTERIOR NO DAÑE A NADIE**

**Todos, absolutamente todos**, tenemos un pequeño **monstruo interior** que, si lo dejamos salir, puede destruir a alguien. Y quien diga lo contrario **miente descaradamente**. Porque **todos tenemos la capacidad de hacer daño**, solo basta con conocer un poco a la persona para saber **dónde golpear**.

**¿Cuál es la verdadera diferencia?**

**La diferencia es elegir no hacerlo.**

Esto es lo que te distingue de lo que llamamos **«mala persona»**. Este término puede sonar un poco fuerte, porque **todos** podemos ser injustos o malos con alguien **en algún momento de nuestra vida.** Pero aquí nos referimos a **aquellas personas que deciden usar los puntos débiles** del otro para herirlo intencionadamente.

Hay expresiones como:

- **«Sabe dar donde duele»**
- **«Sabe cómo encontrar los puntos débiles»**

Curiosamente, a veces se utilizan estas expresiones **como si fueran virtudes**, como un **talento o una habilidad inteligente**. ¡Y nada más lejos de la realidad! Eso no es ser inteligente, **es ser mezquino.**

Todos, si quisiéramos, podríamos **usar tiempo y energía** para descubrir cómo hacer daño a los demás, **pero decidimos no hacerlo.**

El hecho de **no hacer daño a propósito** es exactamente **lo que nos hace mejores personas**. Esto es lo que **nos define como humanos empáticos y conscientes**.

**¿Qué es amar?**

Amar a alguien también consiste en **no utilizar tus armas contra esa persona**, en **anteponer el bienestar emocional de esa persona a tu ira o tu orgullo**.

**¿Dónde voy con todo esto?** Te lo resumo en una sencilla frase:

**A las personas que amas, debes protegerlas de tu lado más oscuro.**

Todos tenemos **esa parte oscura, ese monstruo interno**, y justo ahí es cuando debemos decirnos un gran **STOP**. Debemos impedir que nuestro Monstruo **mate a nadie**, porque querer también implica **proteger al otro de tu lado oscuro**.

Debemos cuidar a todos de nuestro monstruo, **pero sobre todo a las personas que están en nuestro espacio seguro**. ¿Por qué? Porque si hicimos **una buena selección de personal**, esas personas no se merecen **ni un poquito** que nuestro Monstruo les haga daño.

**Puedes enfadarte, discutir, tener desacuerdos. Incluso puedes alejarte o romper una relación, pero jamás permitas que tu Monstruo mate a nadie.**

**Reglas fundamentales para mantener a raya a tu Monstruo interior:**

**1. Prohibido faltar al respeto:** Por muy enfadado que estés, **no tienes derecho a comerte a nadie**. Aprende a gestionar tus emociones (ya lo hablamos antes). Si por la ira haces daño, **pide disculpas y no repitas aquello** por lo que te disculpaste. Recordemos: **pedir perdón y volver a cometer el error es manipular**, no disculparse.

**2. Si estás demasiado enfadado, retírate:** Ve a dar un paseo o a correr y luego vuelve. **La ira jamás va a solucionar absolutamente nada.**

**3. Prohibido usar información personal:** Está prohibido **utilizar la información personal o vulnerable** de esa persona **en su contra**.

**4. Pregúntate si se lo merece:** Cuando algo te moleste mucho, **entiende que estás enfadado**, pero recuerda lo mucho que quieres a esa persona. ¿Se merece que la trates así? ¿Va a mejorar algo la situación?

**5. Prohibido recriminar errores del pasado:** No eches en cara errores ya zanjados. Una discusión debe ser **una negociación para llegar a un punto en**

**común**. No para desahogarte y hacer daño al otro. La otra persona **no es tu saco de boxeo**. Piensa que **sois vosotros contra el problema**, no tú contra él/ella.

**6. No esperes que el otro adivine lo que necesitas: Comunícate claramente**. Este es un curro difícil, pero necesario. Para relaciones sanas, **tendrás que aprender a hablar cuándo lo que te apetece es discutir**.

Se trata de **cuidar tu espacio seguro** y no permitir que tu Monstruo interior **mate a nadie**. Sí, es difícil, pero **como todo, es cuestión de práctica.**

**DEPENDENCIA EMOCIONAL**

La dependencia emocional es un **patrón psicológico** que implica:

- Una excesiva necesidad de cariño y atención.
- Un enorme temor a la soledad o al rechazo.

**¿Cómo se manifiesta?**

- Celos y desconfianza.
- Sensación de vacío.
- Relaciones en las que **das más de lo que recibes**.
- Inseguridades y baja autoestima.
- Necesidad extrema de atención y aprobación.
- Adaptarte camaleónicamente a los demás.
- Pánico a la idea de abandono.
- Ansiedad y tristeza frecuente.
- Ir saltando de una relación a otra por miedo a la soledad.

**Haz esta prueba rápido para valorar tu dependencia emocional:**
**Responde con un «sí» o «no»:**

- ¿Sufres mucho en tus relaciones de pareja por inseguridades y baja autoestima?
- ¿Priorizas las relaciones de pareja por encima de otros ámbitos de tu vida?
- ¿Intentas dar lo mejor de ti para agradar al otro?
- ¿Te cuesta poner límites por miedo a ser rechazado?
- ¿Te adaptas a los demás por miedo al abandono?

- ¿Sientes pánico ante la idea de una ruptura?
- ¿Necesitas consultar decisiones con alguien de confianza antes de tomarlas?
- ¿Tienes celos y desconfianza constantemente?
- ¿Sientes ansiedad y tristeza con frecuencia?
- ¿Te generas expectativas muy altas al inicio de tus relaciones?
- ¿Saltas de una relación a otra para evitar estar solo/a?

**¿Cómo trabajar la dependencia emocional?**

Probablemente, un libro no sea suficiente. Y **odio esos libros que prometen salvarte la vida.** Este no es uno de ellos.

**Ni te la salvará ni te la solucionará**, pero sí espero que:

- Aprendas cositas útiles.
- Te abra los ojos con algunos temas.
- Te replantees varias cuestiones importantes.
- Te dé un empujoncito hacia adelante.

Dicho esto, te dejo **algunas ideas básicas** para trabajar tu dependencia emocional. **Si no es suficiente, por favor, busca ayuda profesional.**

**1. Potencia tu autonomía:** Haz planes en solitario. Eres válido por ti mismo y **no necesitas compañía las 24 horas.** Aprende a conocerte, descubre **quién eres realmente.** Debes caerte lo suficientemente bien para disfrutar tu tiempo contigo. Recuerda el capítulo anterior: «**¿Qué me gusta hacer cuando estoy solo?**».

**2. No descuides el resto de los ámbitos de tu vida:** No te aísles con una única persona, porque el día que esa persona falte (por el motivo que sea), **¿qué harás?** Si solo te centras en esa persona, harás lo imposible por mantener ese vínculo a toda costa, incluso si te hace daño. **Ten una buena red de apoyo (tu espacio seguro).** Sigue quedando con amigos, conoce nuevas personas, haz actividades donde interactúes con otros, pasa tiempo con tu familia, practica tus aficiones. Tu tiempo no debe limitarse a estar **por y para una única persona.**

¡Ojo! **Si estás en una relación de maltrato, sal de ahí cuanto antes.** Más vale solo/a que en compañía tóxica.

**Trabajar la dependencia emocional** implica trabajar tu **autoestima y tu vida más allá de esa persona**. Será un proceso largo y complicado, pero **valdrá la pena. Te lo prometo. Palabrita.**

# Novena Parte: ¿Tienes El Control? O Es Una Mera Ilusión

**La necesidad de control y la ansiedad de no poder controlarlo todo.**

Imagina esta escena conmigo:

Estás en tu sofá favorito, leyendo tranquilamente un libro que te tiene atrapada, cuando de repente, **¡ZAS!**, recuerdas que la semana que viene **tienes una presentación oral importante**.

A partir de ese instante, tu mente empieza a crear **un auténtico caos**:

- Te duele la barriga.
- El pulso se te acelera.
- Sientes ese nudo en el estómago.
- Empiezas a notar que te falta el aire.

**¿Te suena familiar esta situación?**

Claro que sí, a todos nos ha pasado alguna vez. Tu mente ya está **comportándose como si estuvieras allí**, en ese momento terrible y terrorífico, frente a una audiencia esperando a juzgarte. ¿Te has fijado cómo nuestro cerebro **tiene esa capacidad asombrosa de trasladarnos al peor escenario posible en cuestión de segundos**?

**La famosa anticipación**

Aquí vienen las dudas, esas preguntas que parecen imparables y que **nunca traen consigo respuestas alentadoras**:

- ¿Y si me quedo en blanco?
- ¿Y si me equivoco?
- ¿Y si lo hago fatal?
- ¿Y si no les gusta?

Cuando te das cuenta, ya has armado en tu cabeza **una película de terror y tragedia**, donde fracasas rotundamente y hasta te mereces **un premio Goya al mejor drama**.

**Esto no solo pasa con presentaciones**, ¿verdad? También ocurre en miles de otras situaciones cotidianas, como:

- Hablar con tu jefa sobre un aumento de sueldo.
- Tener una conversación incómoda con tu pareja.
- Decirle "no" a alguien que te ha pedido un favor.

En cuanto algo nos inquieta mínimamente, empezamos a **anticipar absolutamente todo lo malo que puede suceder**. Pensamos en cómo reaccionaremos, preparamos respuestas perfectas para defendernos de ataques que aún no existen. **¿El resultado?** Te preparas para **una batalla imaginaria**.

**Consecuencias de anticiparse**

Y **¿qué nos provoca esto?** Ansiedad, angustia, estrés, incluso enfado.

¿Cuántas veces te has sorprendido discutiendo mentalmente en la ducha? Luego, cuando sales, ya estás enfadado/a con la persona en cuestión, ¡sin que esa persona se haya enterado siquiera!

**Anticiparse tanto** no solo **te genera malestar**, también **aumenta las posibilidades de que el conflicto suceda realmente**, porque **ya vas predispuesto**.

**¿Cómo salir de este círculo vicioso?**

Cuando sientas que **tu cabeza empieza a llenarse de pensamientos negativos** y anticipaciones, tienes que hacer algo **muy sencillo y difícil a la vez**: aprender a **mandarte a callar**.

**Empieza a hacerte estas preguntas clave:**

- **¿Qué es lo peor que podría pasar?**
- **¿De verdad crees que es probable que eso pase?**
- **Y si pasa, ¿sería realmente tan terrible?**

Vamos a poner un ejemplo claro, fácil de visualizar:

**Imagina que lo que te preocupa es un examen importante**, tal vez una prueba universitaria o una oposición para la que llevas años estudiando.

Vale, sí, **es una hoja de papel**. Importante, sin duda, pero no es **cuestión de vida o muerte**. Si sale mal, tendrás que repetirlo, tal vez esperar otro año, quizás buscar otro camino. ¿Molesta, enfada y duele? ¡Claro! Pero **el mundo no se acaba aquí**.

**¿Y si te hablas con cariño?**

En momentos así, prueba **hablarte con cariño**, como si fueses tu mejor amiga. Di algo así:

«A ver, es normal que estés supernervioso, cualquiera en tu situación lo estaría. ¿Pero qué hacemos? ¿Nos ahogamos en angustia? ¿Nos imaginamos los peores escenarios y lo pasamos fatal hasta el examen? No, amiga. Llegará el día y haremos lo mejor que podamos. Si suspendemos o no conseguimos la plaza, claro que nos dará rabia, pero luego tendremos que seguir adelante. Un examen, por importante que sea, **no define tu vida ni tu valor como persona**. Lo harás lo mejor que puedas y, si eso no da resultado, pues a otra cosa, mariposa».

**Una frase salvavidas**

Hay una frase que a mí personalmente me ayuda **muchísimo** cuando empiezo a preocuparme demasiado por el futuro:

**«Que se ocupe mi yo del futuro».**

Si lo piensas bien, **has llegado hasta aquí**, solventando situaciones que antes te parecían aterradoras. Y **¿sabes algo curioso?** El **85% de las cosas terribles que imaginamos nunca suceden**. Y las que sí suceden, al final, **las has sabido sobrellevar**, ¿verdad?

Entonces, **¿para qué adelantar sufrimiento?** Si algo malo pasa, tu **yo del futuro se encargará de ello**. Por ahora, solo preocúpate de lo que tienes **aquí y ahora**, delante de ti.

**Conclusión: vivir aquí y ahora**

**Vivir en el presente** no es fácil, lo sé. Pero es **esencial para tu salud mental y emocional.**

**Tu ansiedad nace de querer controlar el futuro**, de querer evitar que algo malo suceda, pero esto es **imposible**, **agotador** y **extremadamente frustrante**. En lugar de intentar controlarlo todo, **practica vivir el presente**. Aprende a soltar un poquito las riendas, confiando en que, **cuando algo suceda, sabrás cómo solucionarlo**. Lo has hecho antes, y **seguirás haciéndolo siempre**.

Confía en ti, confía en tu yo del futuro, que es **mucho más fuerte y resolutivo** de lo que imaginas.

**Respira hondo**, que estás haciendo lo mejor que puedes. Y eso, **créeme, ya es mucho**.

# TERCER CAPÍTULO: MIRA HACIA ADELANTE

## Primera Parte: ¿Qué Es Lo Que Más Anhelas En La Vida?

Uno de los malestares más comunes con los que nos encontramos al hacernos mayores es darnos cuenta de que **no nos hemos convertido en aquello que soñábamos ser cuando éramos más jóvenes**. Desde nuestra más inocente imaginación, visualizábamos a nuestro «**yo del futuro**» con todo lo que nos habían dicho que debíamos tener para ser felices:

- Un trabajo envidiable.
- Una familia ideal.
- Una hermosa casa grande con jardín.

Nos vimos así, tan claramente, que casi podíamos tocarlo. Pero, conforme crecemos, **nos damos cuenta de que la vida no es tan sencilla como nos la contaron**.

A veces, simplemente **no es fácil**, y, en muchas otras ocasiones, nos damos cuenta de que quizás **eso que tanto anhelábamos ni siquiera era realmente lo que queríamos**.

**¿Realmente es eso lo que querías?**

Desde pequeños, nos educaron bajo un concepto predeterminado de «**vida perfecta**» que quizá ni siquiera era nuestro. Nos lo repitieron tanto, que se convirtió en nuestro propio ideal, sin cuestionarlo.

He escuchado a muchas mujeres decir cosas como:

**«No sé si quiero ser madre porque lo deseo o porque me lo han inculcado desde pequeña»**.

¿Y sabes qué? Esto no pasa solo con el tema de la maternidad. También sucede con el éxito profesional, la pareja ideal, el estilo de vida perfecto, los hobbies que deberías practicar, incluso con el cuerpo que deberías tener.

Cuando crecemos y no alcanzamos esas expectativas (**que a veces ni siquiera son nuestras**), sentimos que hemos fracasado. Pero **¿realmente fracasamos o simplemente perseguíamos un objetivo que nunca fue realmente nuestro?**

**Cuando la vida no es un camino de rosas**

La vida, seamos sinceros, **no es fácil para todo el mundo. Y no pasa nada por admitirlo**, al contrario, es necesario.

A veces, cumplir nuestros sueños se complica por factores que se escapan de nuestras manos:

- **La muerte** de alguien cercano.
- **Problemas de salud mental**, que nos frenan y nos dificultan avanzar.
- **No poder tener hijos**, aunque siempre lo hubiésemos deseado.
- **Una ruptura complicada**, que trastoca todos nuestros planes.
- **Trabajos mal pagados**, que no te permiten ahorrar ni avanzar.
- **Lo imposible que parece comprar una casa hoy en día**.
- **Enfermedades crónicas o complicadas**, que dificultan tu día a día.

Ante situaciones así, frases como «**conseguirás todo lo que te propongas**» o «**ánimo, tú puedes con todo**» son tremendamente injustas. ¿Sabes por qué? Porque **culpabilizan a la persona de no conseguir aquello que quizás ni siquiera depende de ella**.

¡Y, oye, atención! Porque incluso aunque sí dependa de ella, ¿qué obsesión tenemos con valorar a las personas según lo que logran? **¿Acaso el concepto de felicidad y éxito es igual para todos?** ¡No!

Los típicos libros de autoayuda que vienen con mensajes como «**todo está en tu mano**» hacen daño. Dejan a la gente con una sensación de fracaso y culpa cuando algo no sale como se esperaba. ¿Es justo eso? No lo creo.

**Aceptar nuestras limitaciones**

**La realidad es esta**: no podrás conseguirlo todo, y eso **está bien**. Eso **es normal**. Eso es ser **humano**.

No eres un superhéroe, no tienes superpoderes. Eres una persona maravillosa, con sus limitaciones, como todo el mundo. Hay circunstancias y obstáculos que te superarán, te dolerán, te harán sentir frustración y tristeza. Y **eso no tiene nada de malo**.

Cuando esto pase, cuando te encuentres con esas situaciones que no puedes controlar ni cambiar, **¿qué harás con eso?** Te adaptarás, como puedas. Con más o menos dolor, con más o menos ayuda. Porque **no nos va a quedar otra**.

**Entonces, ¿quién quieres ser realmente?**

Ahora que ya somos conscientes de la realidad, siendo **honestos** y **respetuosos** con las circunstancias que nos toca vivir, toca preguntarse lo verdaderamente importante:

**¿Quién quiero ser realmente? ¿Qué clase de persona quiero ser?**

**Ojo**, que no estoy hablando de **moldarte a un ideal irreal**, o de encajar a la fuerza en un molde que no es para ti. Hablo de **ponerse metas realistas**, metas que sean tuyas de verdad, que vayan contigo, con tu esencia, con tu forma de ser.

**Y avanzar hacia ellas**:

- Con cariño
- Con fuerza
- Con paciencia
- Con respeto hacia ti mismo y hacia tu propio proceso

**Pasito a pasito**, avanzando a tu ritmo, **siempre y cuando el cuerpo y la salud lo permitan**. Y, ¿sabes qué? **A lo mejor por el camino te toca hacer alguna pausa**, y está bien. A veces tocará parar, por motivos buenos o malos, y **eso hay que respetarlo**. Es parte del proceso.

**Ni blanco ni negro: busca tu equilibrio**

Sabemos que no podemos lograrlo todo, es cierto. Pero también hay otra cosa que es igual de cierta: vivir constantemente en la queja tampoco te va a ayudar en nada. **Quedarte ahí, acomodado, viendo la vida pasar mientras te lamentas, tampoco es una opción**. ¿Por qué? Porque **así tampoco conseguirás nada**.

Y esto no quiere decir que te suelte el típico mensaje motivacional facilón del estilo «**¡Deja de quejarte, levántate y lucha por tus sueños!**». ¡Qué va, por favor, lejos de eso!

Simplemente, busquemos un **punto medio** entre esas dos actitudes extremas:

- No puedes lograrlo todo, lo sabemos. Está bien.
- Pero eso no significa que no debas intentar ir por aquello que **sí está a tu alcance**, aquello que sí te importa y quieres lograr.

**Entonces, ¿qué hago ahora?**

**Un pasito a la vez**. Ni más ni menos.

Plantéate cosas realistas, pasos pequeños, pero que **vayan hacia lo que realmente quieres tú**, no lo que te han contado que tienes que querer.

Y en el proceso, **recuerda que tu valor como persona no lo define ni tu éxito, ni tus logros, ni las expectativas de los demás**. Lo define **quién eres**, tu esencia, tu capacidad de amar, de cuidar, de empatizar, de aprender, de adaptarte.

**Estás aquí**, leyendo esto. Y eso significa que **quieres estar mejor**, que buscas una respuesta, un cambio, una pequeña luz. Y eso, créeme, **ya es mucho**.

Avanza con cariño hacia adelante, hacia la vida que **realmente quieres** y **te mereces vivir**.

# Segunda Parte: Querer No Necesariamente Es Poder

¿Cuántas veces hemos crecido escuchando frases como «**querer es poder**», «**puedes lograr todo lo que te propongas**» o «**nada es imposible**»? Seguro que más veces de las que podemos recordar. Y, aunque suenan muy motivadoras, debo decirte algo importante: **no son verdad.**

**No puedes lograr todo lo que te propongas.** Y está bien reconocerlo, porque eres **humano**, no un superhéroe. De hecho, estos últimos ni siquiera existen, así que olvídate de tratar de convertirte en uno. **Basta ya de tanto positivismo tóxico**, porque, aunque tiene buena intención, no ha ayudado realmente a nadie. Es más, ha generado sentimientos de culpa y fracaso en muchísimas personas.

**La realidad: ¿Qué es lo que SÍ puedes hacer?**

Aquí viene la parte buena: **puedes conseguir UN MONTÓN de cosas**, porque eres un ser humano maravilloso, lleno de potencial y en constante crecimiento. Y, si te lo propones, puedes convertirte cada día en una mejor versión de ti mismo.

Sí, **puedes lograr muchísimas cosas**, pero es importante entender que **para conseguir algo se tienen que dar muchas circunstancias favorables**. A veces, por más que lo intentes, quizá no sea el momento adecuado ahora mismo. ¿Por qué?

- Quizá **no te encuentres bien emocionalmente**.
- Tal vez estés pasando una **racha difícil**.
- Quizá **no tengas los recursos económicos** necesarios.
- Puede ser que simplemente te haya faltado **ese golpe de suerte** que a veces es crucial.
- O quizás solo necesitas **más experiencia o tiempo**.

Pueden ser **mil cosas**. Y esto no significa que nunca lo lograrás, solo quiere decir que **ahora mismo, en este preciso momento, quizá no es tu momento**. Y está bien así.

**Aceptar que no puedes conseguirlo todo**

Sí, puedes alcanzar muchas metas en la vida, pero es probable que también **tengas que renunciar a algunos de tus sueños** porque simplemente no son viables.

¿Esto quiere decir que no debamos luchar por lo que queremos y que nos rindamos a la primera dificultad? **Por supuesto que no**. Lo que sí significa es que, si nos pasamos la vida entera persiguiendo un sueño que es inalcanzable, **podemos acabar haciéndonos mucho daño**. Tanto, que incluso, el día que lo logremos (si es que lo conseguimos) nos preguntaremos si **realmente ha valido la pena todo ese sufrimiento**.

Mi intención no es que sientas que eres un fraude o una persona fracasada por no haber logrado todo lo que te propusiste, **eso es lo último que quiero**. Al contrario, lo que sí quiero es que aprendas a **establecer metas en tu vida**, pero que sean, sobre todo, metas **pequeñas y a corto plazo**.

**Metas realistas, pequeños pasos**

Imagina lo siguiente: supón que no te gusta el deporte (es mi caso también, qué casualidad). Si, de un día para otro, te marcas el objetivo de ponerte en forma **saliendo a correr cada mañana y apuntándote al gimnasio para ir todos los días**, con la esperanza de verte tonificado en tres meses, ¿qué crees que puede pasar?

**Probablemente no lo cumplas**, y eso puede generar **una frustración enorme** y hacer que te sientas muy mal contigo mismo.

Entonces, ¿qué puedes proponerte que sea más realista y efectivo?

- Empieza **teniendo una vida más activa**.
- **Sube escaleras** en lugar de coger siempre el ascensor.
- **Camina más**, en lugar de coger el autobús para trayectos cortos.
- **Sal y pasea** con mayor regularidad.
- Apúntate a algún deporte o actividad física que realmente **disfrutes** (bailar, nadar, patinar).

¿Ves la diferencia? Estos son **pequeños pasos**, fáciles de alcanzar. Y, al cumplirlos, te sentirás **bien contigo mismo cada día**, porque **verás tus avances**. En ese momento, cuando logres esos pequeños objetivos, **date la enhorabuena y celébralo**, porque te lo mereces. No infravalores el poder de las **pequeñas victorias**.

**Una pregunta poderosa**

Hay una pregunta muy poderosa que puede ayudarte a acercarte a aquello que quieres lograr. La pregunta es esta:

**«¿Lo que estoy haciendo hoy me acerca a lo que quiero conseguir?»**

Cada paso que das, **por muy pequeño que sea**, te acerca un poquito más a tus metas. Y eso es lo verdaderamente importante.

Ahora bien, es muy importante aclarar algo: habrá días en los que lo que hagas **no te acerque a tus metas**. De hecho, habrá días en los que **incluso te hagan retroceder un poco**. Y eso, créeme, **también es normal**. No pasa nada, es natural y forma parte del proceso. **Está bien permitirse pausas y retrocesos**, porque respetarlos **también es amor propio**.

**Resumiendo, y llevándonos un aprendizaje valioso**

- **No puedes conseguir absolutamente todo**, y eso está bien. Eres humano, no una máquina.
- Pero sí puedes conseguir **muchísimas cosas maravillosas**, más de las que imaginas.
- **Establece metas realistas**, pequeñas y alcanzables a corto plazo.
- **Disfruta del proceso**, de cada pequeño logro.
- **Permítete retroceder y tener pausas**, eso es amor propio y es fundamental.

**La vida no es una carrera**, es un camino en el que cada paso cuenta, en el que cada pequeña victoria importa. Así que recuerda esto la próxima vez que sientas que no puedes más:

**Querer no siempre es poder, pero querer y caminar hacia adelante, con cariño y paciencia, sí puede llevarte a un lugar mejor.**

# Tercera Parte: ¿Estás Listo Para Convivir Conmigo? Aún Te Queda Mucho Por Recorrer En La Vida

Esta es una pregunta bastante curiosa, ¿verdad?

**¿Podrías vivir con alguien exactamente igual que tú?** ¿Alguna vez te has parado a pensar si realmente **te llevas bien contigo mismo**? ¿Te respetas, te cuidas, o más bien **te haces daño** a veces?

**Convivir contigo mismo: el mayor reto**

Detente un momento y pregúntate: **¿cómo es la convivencia conmigo?** ¿Soy una buena compañera para mí? ¿O quizá podría mejorar algunas cositas?

Es muy fácil reconocer defectos en los demás, pero cuesta un poquito más mirarnos al espejo y reconocer los nuestros. Todos tenemos **pequeñas (o grandes) imperfecciones**, cosas que no nos gustan tanto de nuestra manera de ser y con las que nos hemos acostumbrado a vivir. Pero, oye, aquí te lanzo una propuesta:

**¿Y si, en lugar de conformarnos, tratamos de trabajarlas un poquito?**

Por ejemplo, **si eres muy pesimista**, quizá al trabajarlo **no te conviertas en la persona más optimista del mundo**, pero, seguro que, con esfuerzo y paciencia, consigues **mejorar lo suficiente** como para convivir mejor contigo mismo. Y eso, amigo, **ya es un avance gigantesco**.

**Primer paso: tomar conciencia**

Lo primero que debemos hacer es **parar, observarnos y preguntarnos con total honestidad**:

«**¿Qué es lo que me hace daño de Mí mismo?**»

Sí, **identificar aquello que llevamos dentro** y que nos lastima es el primer gran paso. Quizá son emociones o pensamientos como:

- **Envidia**

- **Celos**
- **Inseguridades**
- **Baja autoestima**
- **Rabia acumulada**
- **Sentimiento de culpa**

Identificar todo esto puede ser incómodo, pero es **necesario y sanador.**

**Segundo paso: ir hacia atrás, ¿de dónde viene?**

Una vez que **sabemos qué nos duele de nosotros mismos**, hay que preguntarnos de dónde viene. Este paso lo aprendí gracias a mi psicólogo, quien cuando yo no lograba comprender **qué sentía, por qué me defendía de ciertas maneras o de dónde venían mis inseguridades**, me hacía una pregunta fundamental:

**«¿De dónde crees que viene todo esto?»**

Al principio, yo me remontaba a conflictos recientes, problemas con mi pareja, discusiones con amigos A lo que ella siempre respondía: **«No, más atrás»**. Hasta que, por fin, llegaba a mi **niñez.** Y ahí, en esa etapa tan lejana, **encontraba todas las respuestas.**

Quizá no nos hemos dado cuenta, pero muchas de las **heridas que tenemos como adultos**, nacieron cuando éramos **pequeños.**

**Preguntas poderosas para comprendernos mejor**

Una vez identificado **aquello que te duele de ti**, prueba con estas preguntas, que son potentes y reveladoras:

- **¿Cuándo comenzó?** ¿Cuándo fue la primera vez que sentí esto o actué de esta forma?
- **¿Quién me hizo sentir así por primera vez?**
- **¿De qué me protegía en aquel momento?**
- **¿En qué otras ocasiones se ha repetido?**

Responder estas preguntas de manera honesta **nos ayuda a entendernos mejor** y nos permite dar un paso hacia adelante para **sanar nuestras heridas.**

**Sanar nuestras heridas es un proceso único**

Es importante mencionar algo clave: **ningún libro te va a enseñar a curar por completo las heridas de la infancia.** ¿Por qué? Porque es **un proceso**

**muy personal**. Cada persona tiene su propia historia, sus propias experiencias y dolores. Por eso, si realmente sientes que estas heridas te limitan mucho, **la terapia individualizada puede ser un recurso muy valioso.**

Aun así, este libro busca **que te cuestiones, que tomes conciencia** y que des esos **primeros pasitos para conocerte mejor**. El trabajo profundo contigo mismo a menudo requiere **más que un libro**, pero este puede ser **el primer escalón hacia algo mucho más grande y sanador**.

**El verdadero sentido de la vida**

Quiero compartir contigo **algo que para mí tiene mucho sentido**: creo firmemente que **uno de los objetivos más bonitos de la vida es ir trabajando con nosotros mismos**, día a día, para convertirnos en **mejores personas**. Pero no solo mejores con los demás, sino **sobre todo con nosotros mismos.**

Claro que habrá **épocas malas, situaciones duras**, momentos en los que **retrocederemos algunos pasos**. Y eso también está bien. Hay que respetar esos momentos como **pausas necesarias** en nuestro proceso de crecimiento interior (sí, suena muy espiritual, pero lo es).

Tener claro esto no significa que debamos presionarnos para ser **personas perfectas**, ¡ni muchísimo menos! No nacimos perfectos y tampoco moriremos siéndolo.

**Conclusión: la mejor versión de ti**

El propósito no es ser una persona intachable, sino, más bien, que cuando llegue ese día (muy, muy lejano, espero) y miremos hacia atrás, **sintamos que, aunque no fuimos perfectos, fuimos mejores de lo que empezamos**. Que aprendimos de nosotros mismos, **que nos conocimos profundamente**, que comprendimos y **tratamos con cariño nuestras heridas**. Que convivimos en armonía con nosotros mismos, que nos hicimos un poquito menos daño cada día.

Si, al final de tu vida, sientes que moriste siendo **una versión mejorada de quien fuiste, misión cumplida**.

# Cuarta Parte: Ser un Humano Es, En Esencia, Ser Humano

¿Cuántas veces hemos escuchado a personas decir que *«el ser humano es la peor especie del planeta»*, que *«es malo por naturaleza»* o que *«la humanidad ya no tiene remedio»*?

¿Cuántas veces criticamos a nuestra propia especie como si no formáramos parte de ella? Es como si nos hubieran hecho creer que es *«normal»* autoflagelarnos por haber nacido humanos, como si serlo fuera un error.

Nos repetimos estas frases una y otra vez, como si fueran verdades absolutas. Pero no lo son. Ni siquiera tienen fundamento. *Y qué manía tan fea esa de ver a la humanidad desde una perspectiva tan negativa, oye.*

Pues no. **Yo me niego a prolongar esa creencia.** Me niego a caer en la comodidad de criticarlo todo y a todos desde el sofá de mi casa, sin mover un solo dedo para cambiarlo. Prefiero tomar acción e intentar mejorar el mundo a través de mis propias decisiones.

Es cierto, **el ser humano comete errores**, no lo vamos a negar. *Sin embargo, ¿qué hay de todas las cosas maravillosas que también hacemos?* ¿Y de todas esas creaciones extraordinarias que han cambiado la historia? **¡Son muchísimas!**

La humanidad es hermosa. **No podemos juzgar a todos por las acciones de unos cuantos.** *¿No crees tú?*

**Y no hay que restarles valor al ser humano.**

**La importancia de vivir en comunidad**

Vivimos en comunidad, rodeados de otras personas. Sin embargo, a veces, en lugar de **tendernos la mano**, parece que **nos empujamos al vacío**. Esto es algo que, definitivamente, puede y debe cambiar. Y, aunque no podemos cambiar el mundo entero siendo solo unos cuantos, sí que **podemos hacer que el mundo sea un lugar mejor para todas esas personas** que nos vayamos encontrando en nuestro camino.

Estoy segura de que tú también has vivido alguna vez esa **bonita experiencia** de que una persona, con un **pequeño gesto**, te haya devuelto la **fe en la humanidad**.

**Una pregunta que te puede cambiar**

Para estos casos, yo me aplico muchísimo una pregunta que, de verdad, me ha cambiado la vida y te invito a hacértela a menudo. Dice así:

**«Si todo el mundo actuase como yo ahora mismo, ¿qué pasaría?»**

O también puedes formulártela así:

**«Si todos hicieran lo que yo estoy a punto de hacer, ¿qué ocurriría?»**

Si la respuesta que obtienes es positiva y bonita, ¡adelante, hazlo! Pero si el resultado es malo o negativo, quizá **es momento de replanteárselo**. Te sorprenderá ver cómo, al aplicarla, vas tomando **decisiones mucho más bonitas y humanas**.

Esto viene de una de las formulaciones que resumen el mandato moral del imperativo categórico del filósofo Immanuel Kant, la fórmula de la ley universal:

**«Obra solo según una máxima tal que puedas querer al mismo tiempo que se convierta en ley universal»**.

Vamos, que **actuemos como nos gustaría que actuaran todos**, ni más ni menos.

**Pequeños gestos, grandes personas**

Intentar ser mejor cada día, con **pequeños gestos**, acciones y palabras. Estos detalles puede ser un proceso muy bonito y sencillo. **No hacen falta grandes cosas**, simplemente **pequeñas acciones cotidianas** que, aunque a nosotros nos parezcan insignificantes, pueden marcar **una enorme diferencia** para alguien más.

Te pongo algunos ejemplos que a mí me han llegado al corazón:

Mi mejor amigo, **Freddy**, me escribió para contarme esto:

*"Hoy, en el autobús, vi a un señor trabajador. Se notaba tan cansado que le costaba mantenerse de pie. Sin dudarlo, me levanté y le ofrecí mi asiento. Su sonrisa de agradecimiento fue suficiente recompensa. ¿Sabes, amigo? Sé que solo fue un pequeño gesto, pero también sé que marcó una gran diferencia en su día."*

**¡Qué bonito, ¿no?!** Freddy me contó que, desde ese día, decidió esforzarse por ser mejor persona cada día, porque quiere hacer sentir a otros lo que ese trabajador sintió... y lo que él mismo experimentó al ayudarlo. Me parece algo maravilloso.

*¿Acaso no nos sentimos bien cuando hacemos un bien desinteresado?* **¿Verdad que sí?** Entonces, ¿por qué no elegimos hacerlo todos los días?

**¿Te imaginas cómo cambiaría el mundo a tu alrededor si cada uno de nosotros hiciera lo mismo?**

**Pequeñas acciones que marcan la diferencia**

Otro día, estaba subiendo las escaleras mecánicas del Jockey Plaza Shopping Center. Me giré y detrás de mí había una chica con unos **ojos azules preciosos**. Sin pensarlo mucho, le dije muy respetuosamente:

**«¡Qué ojos tan bonitos tienes!»**.

Su cara en ese momento lo dijo todo. ¡Qué fácil es regalarle un **momento bonito** a alguien desinteresadamente y qué poco lo hacemos! Un simple **cumplido sincero** puede alegrarle el día a otra persona.

**El poder de lo pequeño: gestos que transforman**

Hace unos años, mi esposa y yo, durante unas vacaciones en Venezuela, compramos una tarjeta de metro con diez viajes. Nos sobraban seis y, como ya no los íbamos a utilizar, decidimos ir a la estación, donde había gente comprando la misma tarjeta, para regalársela a alguien que la necesitara.

Y así fue. Un chico no tenía suficientes monedas para completar su boleto. *Cuál fue su sorpresa cuando, en lugar de solo unas monedas, le obsequiamos la tarjeta entera.* Su rostro se iluminó al instante, y su expresión de gratitud nos llenó de alegría a todos.

Aquel pequeño gesto no solo cambió su día, sino también el nuestro.

Íbamos a viajar a otro país, **¿podríamos haber tirado la tarjeta a la basura?** *Sí, claro.* Pero regalarla fue una opción muchísimo más bonita. Un pequeño gesto que, sin duda, sacó a aquel joven de un aprieto y, además, le alegró el día.

**La humanidad puede salvarnos**

Cuando me saqué el carné de conducir, viví una experiencia que nunca olvidaré. *Casi me dio un ataque de ansiedad intentando estacionar* (no es broma, estaba tan asustado por todo el alboroto que se formó).

Mientras algunas personas, impacientes, tocaban sus cornetas y otros me insultaban, un chico se acercó a mí y, con total amabilidad, me dijo:

*"Tranquilo, ¿quieres que te indique para maniobrar?"*

Acepté sus consejos. Me ayudó con paciencia y, en menos de un minuto, el coche ya estaba aparcado. Pero no solo eso: se quedó unos minutos más explicándome cómo hacerlo bien la próxima vez.

**¿Qué le hizo falta para solucionar esa situación en tan poco tiempo?** *Humanidad* (y, vale, también ser empático).

Siempre estaré agradecido con aquel extraño que, con amabilidad, me orientó en un momento *estresante y difícil* de mi vida.

Y lo más bonito fue que, antes de despedirse, me dijo:

*"Ah, y, por cierto, amigo, me llamo Tom."*

Sonrió al marcharse y añadió:

*"Todos hemos pasado por algo similar, así que tranquilo."*

**Ese día comprendí que un pequeño acto de humanidad puede cambiarlo todo**.

**Pequeñas preguntas para grandes cambios**

A todas esas personas que me tocaban sus cornetas desesperadamente e insultaban mientras intentaba aparcar, les haría una pregunta:

**"Si todo el mundo actuara como ustedes lo han hecho ahora mismo, ¿qué hubiera pasado? ¿Qué hubiera cambiado?"**

La respuesta es **nada, absolutamente nada.** Yo solo me pondría más nervioso, tardaría aún más y el atasco se haría peor.

*«Quince personas abucheando y, sin embargo, solo un transeúnte —la persona que menos esperábamos— fue quien finalmente supo solucionar aquella situación».*

¿Ves el poder que tiene **ser amable y humano**?

**Sé alguien que devuelve la fe en la humanidad**

Con estos **pequeños gestos**, nos convertimos en **mejores personas, más humanas.** El mundo ya está lleno de dolor, guerras, hostilidad, apatía ¿para qué más? De corazón, te invito a que **te conviertas en una de esas personas que devuelven la fe en la humanidad a los demás.**

Y, sobre todo, **si alguna vez me ves intentando aparcar**, ¡por favor, sé esa persona!

# CAPÍTULO FINAL: EL VIAJE MÁS EXTRAORDINARIO DE TU VIDA

## Primera Parte: Tu Vida, Tu Gran Aventura

¿Sabes algo? Este libro ha sido solo una pequeña parada en el viaje más importante, largo y apasionante que jamás emprenderás: **tu propia vida.** A lo largo de estas páginas, hemos caminado juntos por senderos difíciles, enfrentado nuestros miedos, aprendido a abrazar nuestras emociones y, sobre todo, a **cuidarnos y amarnos como merecemos.** Ahora, es momento de mirar hacia adelante porque, créeme, **el viaje apenas comienza.**

**Todo lo que has aprendido aquí**

Antes de seguir, detente un instante. Respira hondo. Reflexiona sobre todo lo que has descubierto en este camino:

- **No eres esa voz que te juzga y critica**, eres la fuerza que la corrige y educa.
- **Tus emociones no te definen**, lo que haces con ellas, sí.
- **El autoconocimiento es tu mejor herramienta**, aprende a escucharte, a ser honesto contigo y a tratarte con cariño.
- **Poner límites es esencial**, por tu bienestar y el de quienes te rodean.
- **No necesitas la aprobación de todo el mundo**, tu valor no depende de otros.
- **La vida no es blanco o negro**, aprende a vivir en sus matices.
- **Tus heridas no son debilidades**, son cicatrices de batallas ganadas.
- **Nunca permitas que alguien te robe las ganas de vivir**, mereces felicidad y plenitud.

Lleva estas enseñanzas contigo. **Serán tu brújula en este viaje.**

**El principio del progreso imperfecto**

Antes de cerrar este capítulo, quiero compartir contigo un principio que puede cambiar para siempre tu manera de ver la vida:

**"Es mejor avanzar imperfectamente que quedarse paralizado en busca de la perfección."**

Nos han hecho creer que, si algo no se hace bien, es mejor no hacerlo. **Eso nos paraliza.** Nos llena de miedos y expectativas irreales. Pero **no necesitas hacerlo perfecto, necesitas hacerlo**. Aunque no salga como esperas, aunque sea difícil. **Los grandes cambios no nacen de acciones impecables, sino de pequeños pasos valientes y constantes.**

**La vida es cambiante, como tú**

Tu viaje **no será lineal**. Habrá días de luz y días de sombras, momentos de avance y retroceso. Pero todo eso es parte del camino. La vida **es incierta, igual que tú**.

Así que **permítete fluir**. Cambiar de opinión, equivocarte, rectificar, caerte y levantarte. **No te exijas perfección, exígete humanidad.**

**La magia del presente**

Si hay algo que deseo que recuerdes cada día, es esto:

**Vive cada momento como si fuera sagrado, porque lo es.**

Las conversaciones, los abrazos, las risas, las lágrimas, cada amanecer y cada noche estrellada **todo forma parte de tu historia única e irrepetible**.

No esperes a llegar a algún destino para sentirte pleno. **La felicidad no está en el futuro, sino en la forma en que vives el presente.**

**El camino sigue, pero ahora ya no estás solo**

Lo más hermoso de este viaje es que, aunque este libro termine aquí, **tú continúas**. Ya no eres la misma persona que comenzó a leer estas páginas. **Ahora tienes herramientas, conciencia y un poco más de amor por ti mismo para avanzar con firmeza y confianza.**

Y algo aún más importante: **ya no estás solo**. Formas parte de una comunidad de personas que han decidido crecer, respetarse y escucharse. **Personas valientes que han elegido vivir mejor.**

**Una carta para tu yo futuro**

Antes de cerrar este libro, quiero invitarte a hacer un último ejercicio. **Escribe una carta para tu yo del futuro.** En ella, cuéntale:

- **Quién eres hoy.**
- **Las enseñanzas que te llevas de este libro.**
- **Lo que más valoras de ti en este momento.**
- **Las promesas que te haces para cuidarte y acompañarte en los días buenos y malos.**
- **Un recordatorio de lo especial, valiente y valioso que eres.**

Guárdala bien. En los momentos de duda, **esta carta será tu ancla, un reflejo de lo lejos que has llegado y de todo lo que aún puedes conquistar.**

**De mi corazón al tuyo**

Quiero cerrar estas páginas mirándote a los ojos, aunque sea a través de las palabras. Quiero que sientas esto con fuerza:

**Eres suficiente, exactamente tal como eres.**

**Mereces amor, respeto y felicidad.**

**Eres valioso. Nunca lo dudes.**

Espero que cuando cierres este libro, lo hagas con una sonrisa y con la certeza de que **el viaje continúa**. Que días maravillosos te esperan y que, aunque también habrá tormentas, **ahora tienes una brújula que te guiará siempre: tu propio amor y respeto por ti mismo.**

Gracias por compartir este trocito de vida conmigo. **Gracias por ser tú.**

# Segunda Parte: Creando Bellos Recuerdos, El Mayor Tesoro

A veces, un pequeño gesto puede convertirse en un recuerdo eterno. Una palabra amable, una sonrisa sincera, un detalle inesperado **la felicidad se construye en esos instantes simples y auténticos.**

No hacen falta grandes actos ni regalos costosos. **Los recuerdos más bonitos nacen de la presencia, del cariño y del amor genuino.**

**¿Cómo se acaba un libro?**

Me he preguntado esto muchas veces: **¿Cómo se cierra algo que ha significado tanto?**

Después de tantas horas escribiendo, sintiendo cada palabra, me resulta extraño despedirme. Pero, si algo he aprendido, es que **los finales no son más que el inicio de un nuevo capítulo.**

**Una parte de ti, una parte de mí**

Si has llegado hasta aquí, si has leído estas páginas con atención, siento que ahora **tú tienes una parte de mí, y yo también tengo una parte de ti**.

Por eso, quiero que recuerdes algo que a mí me habría encantado escuchar hace tiempo:

**No permitas jamás que nadie te maltrate.**

**No dejes que alguien te haga sentir pequeño.**

**Nadie tiene derecho a apagarte.**

Si alguna vez has soportado lo que no merecías, **no te culpes**. Pero tampoco te quedes ahí. **Pide ayuda, busca apoyo, sal de ese lugar.**

**Mereces vivir. Mereces ser feliz. No te quedes donde te apaguen.**

**Lo que mereces de los demás**

Hemos hablado mucho sobre cómo ser mejores con nosotros mismos y con los demás. Pero quiero recordarte algo vital:

**Las personas que te rodean también deben ser buenas contigo.**

No todo el mundo tendrá buenas intenciones. Aprender a **protegerte, valorarte y saber decir "hasta aquí" es parte de este viaje**.

Si alguien te hace daño de manera intencionada, **no merece estar en tu vida.**

**Un sueño cumplido**

Cuando era niño, soñaba con escribir un libro. **Hoy, sostienes ese sueño entre tus manos.**

Y si algo quiero dejarte con estas páginas, es la certeza de que **tú también puedes cumplir los tuyos.**

**Hasta siempre**

Este no es un adiós. **Es un hasta siempre.**

Porque en algún rincón de tu mente, en algún momento de tu vida, estas palabras seguirán acompañándote.

Y tú, sin saberlo, **ya formas parte de mí también.**

**Gracias por hacer realidad este sueño.**

# EPÍLOGO: TU HISTORIA CONTINÚA

Querida lectora, querido lector:

Hemos llegado al final de estas páginas, pero no al final del camino. **Porque este libro se cierra, pero tu historia sigue escribiéndose.** Y aunque pueda parecer una despedida, en realidad es el comienzo de algo nuevo: **una conversación que ahora continúas contigo mismo, en cada pensamiento, en cada elección, en cada acto de amor propio que decidas darte.**

A lo largo de este viaje hemos caminado juntos por senderos internos, algunos difíciles y escarpados, otros llenos de luz y aprendizaje. **Hemos descubierto que conocerse es un arte, que sanar es un proceso, y que vivir con plenitud es una elección que hacemos cada día.**

También hemos comprendido que **no somos nuestros errores, ni nuestras heridas, ni las etiquetas que otros o nosotros mismos nos hemos puesto.** Somos mucho más que eso. **Somos fortaleza, somos amor, somos evolución.**

Al escribir cada una de estas palabras, lo hice con la intención de acompañarte, no de decirte cómo vivir tu vida. Porque la vida no es un manual con instrucciones perfectas, **es un camino en constante transformación, una aventura donde caemos, nos levantamos, aprendemos y volvemos a intentarlo.**

**Cada página nació con la ilusión de regalarte un abrazo sincero, de esos que sostienen, que reconfortan, que sanan.** Un abrazo que alguna vez necesité y que hoy comparto contigo con toda mi verdad y mi vulnerabilidad.

**El viaje sigue: tú tienes la brújula**

El camino que hemos trazado juntos **no termina aquí**. De hecho, **es ahora cuando realmente comienza.**

Llevarás contigo las herramientas, los aprendizajes, las reflexiones. Y cuando la vida te desafíe porque lo hará, cuando sientas que te pierdes en el ruido del mundo, **recordarás que dentro de ti ya tienes todas las respuestas, incluso aquellas que aún no conoces.**

**Aprendiste que tus límites te protegen, que ponerlos es un acto de amor.**

**Que el perdón libera, pero no significa justificar ni olvidar.**

**Que la soledad, cuando se abraza, puede ser un espacio de encuentro contigo mismo.**

**Que el dolor no es eterno y que, cuando menos lo esperas, deja de ser herida para convertirse en historia.**

Entendiste que **no tienes que hacerlo todo bien para ser valioso, que la perfección es una ilusión y que la verdadera plenitud está en abrazar tu humanidad.**

Y lo más importante: **descubriste que mereces vivir una vida en la que te priorices, te escuches, te respetes y te ames sin condiciones.**

**Nunca estarás solo**

Este libro es tuyo ahora. **Cada palabra, cada enseñanza, cada reflexión te pertenecen.** No dejes que se queden en un cajón olvidado. Llévalas contigo, intégralas en tu vida, **úsalas cuando las necesites y compártelas con quienes amas.**

Y quiero que recuerdes algo: **nunca estarás solo en este camino.**

Aunque estas páginas lleguen a su fin, aunque no volvamos a encontrarnos en un libro, quiero que sepas que **donde sea que estés, siempre habrá alguien que comprende lo que sientes y que, desde estas letras, te susurra: "Lo estás haciendo bien. Muy bien".**

**El final de estas páginas, el principio de tu historia**

Este libro termina, pero **tu historia continúa.**

Y yo me siento profundamente agradecido por haber sido parte de ella.

Gracias por confiar en mí, por regalarme tu tiempo, por permitir que mis palabras te acompañaran en este viaje de autodescubrimiento.

Gracias por recordarme que mis propias heridas podían iluminar el camino de alguien más. Porque tú, sin saberlo, **le has dado sentido a este libro.**

Cierro estas páginas con un solo deseo para ti: **que vivas con autenticidad, con amor, con valentía.** Que recuerdes, siempre, que **mereces ser amado, respetado y feliz.** Y que la persona más importante que te amará en esta vida, la que nunca te abandonará, **eres tú mismo.**

Así que **adelante**, mi querido lector, mi querida lectora.
La vida sigue. **Y tú tienes todo lo que necesitas para vivirla plenamente.**
**Este es solo el principio.**
Con todo aprecio y gratitud, YLICH TARAZONA.

# SOBRE EL AUTOR

**Background Profesional**: YLICH TARAZONA es un reconocido psicoterapeuta, escritor y conferencista internacional. Máster Coach con PNL y Máster Trainer en Programación Neurolingüística. Especializado en terapias alternativas, hipnosis Ericksoniana, técnica de liberación emocional (EFT - Tapping) y sanación energética. Es considerado uno de los profesionales más destacados e influyentes dentro del campo de la excelencia personal por los distintos medios de comunicación.

Está destinado a ejercer un legado en la vida de millones de personas a través de su pasión, entusiasmo, dinamismo y liderazgo centrado en principios. Es el creador de la Hipno Reingeniería y la Bio Reprogramación Mental, un sistema online dedicado a brindar coaching en la consolidación de competencias y desarrollo del máximo potencial humano.

Su metodología está diseñada para potenciar las competencias del individuo a través de una secuencia de sesiones y terapias, que tienen como objetivo guiar a los coachees a encontrar las herramientas necesarias que les permitan alcanzar sus metas, concretar sus objetivos y consolidar resultados en sus áreas de excelencia.

Es autor de una serie de libros entre los que destaca: "**Programa tu mente y determina tu futuro**", "**Sáname a mí mismo y libérate del autosabotaje**", "**El poder del cambio y la reinvención personal**", "**Descubre tu propósito y encuentra tu destino**", "**El poder de las metas y el logro de objetivos**" y "**Consolida tu marca personal**", entre otros.

También es el creador del libro "**Enigmas Ocultos de la Hipnosis**", "**Curso de Hipnosis Práctica**", "**El Poder de la Hipnosis**", "**Desentrañando la Psicología Oscura**" y "**Descubriendo la Psicología Oscura**". Obras que tratan sobre el poder de la mente humana, explicado de forma clara.

En cuanto a su **PROPÓSITO**, su **misión** y su **visión** personal, YLICH TARAZONA pretende compartir con sus lectores los recursos que necesitan para seguir adelante con determinación, enseñándoles a aclarar sus ideas, establecer metas y elaborar planes de acción que les permitan conquistar sus más anhelados sueños, permitiéndoles crear su propio futuro, escribir la historia de sus propias vidas y forjar su propio destino a cada paso del camino.

Su **MISIÓN** es dejar una huella que marque la diferencia en las vidas de las personas a quienes enseña y lleva su mensaje, transmitiéndoles un legado que les permita evolucionar en todos los aspectos transcendentales de la vida, tanto en lo personal como en lo espiritual, emocional, profesional, académico y financiero.

Su **VISIÓN** es llevar a las personas esperanza y una opción terapéutica que les permita transformar sus vidas y mejorar, ayudándoles a desarrollar esa semilla de grandeza que todos llevan en su interior, motivándoles a desarrollar al máximo su potencial humano, a un siguiente nivel de éxito, generando una mejorada versión de sí mismos y abriéndoles nuevas oportunidades que les permitan reencontrarse a sí mismos en el camino hacia su transformación personal.

*"Creo firmemente que dentro del interior de cada uno de nosotros existe una semilla de grandeza y reside una vasta reserva de potencialidades ilimitadas que habitualmente permanecen adormecidas, esperando a ser descubiertas y desarrolladas, para florecer hacia nuestro mundo exterior. Cuando cada uno de nosotros despierte ese potencial individual, redescubrirá cuál es su misión y el propósito que le da sentido a su vida, en un nuevo despertar consciente. A lo que yo llamo, Reinvención y Reingeniería Personal"* ***YLICH TARAZONA.***

# Otras Publicaciones, Ediciones Especiales y Libros Creados Por El Autor

Estimado lector, fue un placer haber compartido contigo este tiempo de lectura, espero hayas disfrutado al máximo la información contenida en este libro que con tanto cariño prepare para ti. Tu gran amigo YLICH TARAZONA.

Si te ha gustado el contenido de mis libros, y deseas conocer otras de mis publicaciones, aquí te comparto una lista de todos mis libros.

Lista de Libros actualizada (ENERO 2025):

**Novelas más Destacadas:**

✓ **Crónicas de los Guardianes**: En Búsqueda de las Reliquias Sagradas.

✓ **Reflejos del Abismo**: ***Un Salto de Fe*** - Un Viaje de Redención a través de la Oscuridad.

✓ **El Camino del Samurái** - *El Nacimiento de un Guerrero.*

**Libro de No Ficción.**

1. "**Despierta Tu Grandeza**: Cómo Programar tu Mente para Descubrir tu Ser Auténtico". *Aprende a Transforma tu Vida y Despierta tu Poder Interior.*
2. "**Sanación Interior**: Rompe Cadenas y Libérate del Auto Sabotaje Interno". *Aprende a Fortalecer tu Guerrero Interior y Domina Tus Emociones y Pensamientos.*
3. "**Reinvéntate**: La Magia de la Transformación Personal". *Innovación y Empoderamiento del Ser para crear una Mejorada Versión de Ti Mismo.*

4. "**Propósito y Destino**: La Brújula de tu Existencia". *Descubre los Principios y Conexiones para Vivir una Vida con Propósito.*
5. "**Marca la Diferencia**: Posiciona tu Marca Personal en la Cima". *Estrategias para Destacarte en un Mundo Competitivo.*
6. "**Metas y Objetivos**: El Arte de la Planificación Estratégica". *Guía Paso a Paso para Consolidar Tus Sueños y Alcanzar el Éxito.*
7. "**ReIngeniería Mental**: El Arte de Rediseñar tus Pensamientos". *Aprende como Reprogramar tu Mente para el Éxito y Comenzar tu Proceso de Reinvención Personal.*
8. "**Hábitos de Excelencia**: El Camino Hacia la Plenitud". *Secretos para Una Vivir una Vida Saludable, Plena y Feliz.*
9. "**Armonía Interior**: Secretos del Life Coaching para una Vida de Plenitud y Equilibrio". *Del Autoconocimiento al Éxito. Una Guía paso a paso de Superación Personal.*
10. "**Transforma Tu Vida con PNL**: Guía Práctica de Programación Neurolingüística para el Cambio Personal Efectivo." *Domina las Técnicas y Metodologías Efectivas para una Transformación Personal Profunda.*
11. "**El Arte de la Persuasión**: Descubre el Poder del Lenguaje Figurado y las Metáforas en la Comunicación." *Conviértete en un Comunicador Persuasivo a través del Poder de las Metáforas y Alegorías.*
12. "**Hipnosis: Enigmas Revelados**: Un Viaje a través de la Historia y las Aplicaciones de la Sugestión Hipnótica." *Viaje fascinante a través del tiempo y el espacio, explorando el enigmático mundo de la hipnosis.*
13. "**Desentrañando la Psicología Oscura**: Reflexiones y Revelaciones sobre la Naturaleza Oculta del Ser." *Un Viaje al Corazón de la Maldad Humana.*
14. "**Despertar Cuántico**: Reingeniería Mental y BioProgramación para la Evolución Personal y la Nueva Era del Pensamiento." *Haz un Salto Cuántico en tu Evolución Personal y Abre las Puertas a la Nueva Era del Pensamiento.*
15. "**Network Marketing Multinivel**: Descubre las Oportunidades del Mercadeo en Red en la Era Digital" *Abre tu Camino hacia la Libertad Financiera con Estrategias Efectivas de Network Marketing.*

**Ten siempre presente que**: "El aprendizaje constante, la formación continua y el estudio permanente son las claves entre los que logramos el éxito, de aquellos que no lo logran". **YLICH TARAZONA**.

Puede contactarme directamente a través de mi sitio web:

https://ylichtarazona.com/

# Derechos de Autor



*Fecha de Publicación:* ***9 enero 2025 19:57 UTC.***

*Para más información del Autor Visita:*

*https://ylichtarazona.com/*

# Don't miss out!

Visit the website below and you can sign up to receive emails whenever Ylich Tarazona publishes a new book. There's no charge and no obligation.

https://books2read.com/r/B-A-TAUOE-VXHAH

BOOKS 2 READ

Connecting independent readers to independent writers.

# About the Publisher

Profile in English:Recognized MSc YLICH TARAZONA, Psychologist, Gestalt Hypnotherapist, International Speaker and Writer – Author of the Series Basic Principles for Success and Preliminary Laws of Success.Master Coach with NLP and Trainer in NEUROLINGUISTIC PROGRAMMING. Specialist in Alternative Therapies. Ericksonian Hypnosis, Emotional Freedom Technique (EFT – Tapping), Energy Healing, Biodecoding and Germanic Medicine.Considered in the different media as one of the most prominent and influential professionals in the field of PERSONAL EXCELLENCE. Destined to exert a legacy in the lives of hundreds of people through his PASSION, ENTHUSIASM, DYNAMISM and principle-centered LEADERSHIP.C.E.O. Founder of HYPNO REENGINEERING and MENTAL BIO PROGRAMMING ® A Quantum Leap for the Evolution of the BEING and the Awakening of Consciousness.One of the ONLINE SYSTEMS dedicated to providing COACHING in the CONSOLIDATION of Competences and Development of the Maximum Human Potential. Specialized in Training, Training and High-level Training through the techniques of Ericksonian Hypnosis, Neurolinguistic Programming and Mental Reengineering.Our methodology is designed to enhance the individual's skills through a sequence of sessions and therapies. Their objective is to guide the coachee to find the necessary tools that allow them to achieve their Goals. Specify your Objectives and Consolidate Effective Results of Optimum Performance in a specific field of action (Areas of Excellence).To obtain significant achievements more effectively, we accompany our process of HYPNO REENGINEERING and MENTAL BIO PROGRAMMING ® with Life Coaching Sessions. NLP techniques or Neurolinguistic Programming, Mental Reengineering, Ericksonian Hypnotherapy, Emotional Liberation Techniques and Quantum Energy Healing adapted for this purpose./-*/-*/-*/-*/-*/-*/-*/-*/-*/-*/-*/-*/-*/-*/-*/-*/-*/-/*-/-*/PERFIL EN ESPAÑOL:MSc YLICH TARAZONA reconocido, Psicólogo, Hipnoterapeuta Gestalt, Conferencista Internacional y Escritor – Autor de la Serie Principios Básicos para Triunfar y Leyes Preliminares del Éxito.Máster Coach con PNL y Trainer en PROGRAMACIÓN NEUROLINGÜÍSTICA. Especialista en Terapias Alternativas. Hipnosis Ericksoniana, Técnica de Liberación Emocional (EFT – Tapping), Sanación Energética, Biodescodificación y Medicina Germánica.Considerado en los distintos medios de comunicación como uno de los profesionales más destacado e influyente dentro del campo de la EXCELENCIA PERSONAL. Destinado a ejercer un legado en la vida de cientos de personas a través de su PASIÓN, ENTUSIASMO, DINAMISMO y LIDERAZGO centrado en principios.C.E.O. Fundador de HIPNO REINGENIERÍA y BIO PROGRAMACIÓN MENTAL ® Un Salto Cuántica para la Evolución del SER y el Despertar de la Consciencia.Uno de los SISTEMAS ONLINE dedicado a brindar COACHING en la CONSOLIDACIÓN de Competencias y Desarrollo del Máximo Potencial Humano. Especializados en el Entrenamiento, Formación y Adiestramiento de alto nivel a través de las técnicas de la Hipnosis Ericksoniana, la Programación Neurolingüística y la Reingeniería Mental.Nuestra metodología está diseñada para potenciar las competencias del individuo por medio de una secuencia de sesiones y terapias. Que tienen como objetivo guiar a los coachee a encontrar las herramientas necesarias que les permitan Alcanzar sus Metas. Concretar sus Objetivos y Consolidar Resultados Eficaces de Óptimo Desempeño en un campo de acción específico (Áreas de Excelencia).Con el objetivo de obtener logros significativos de manera más efectiva, acompañamos nuestro proceso de HIPNO REINGENIERÍA y BIO PROGRAMACIÓN MENTAL ® con Sesiones de Life Coaching. Técnicas de PNL o Programación Neurolingüística, Reingeniería Mental, Hipnoterapia Ericksoniana, Técnicas de Liberación Emocional y Sanación Energética Cuántica adaptadas para tal fin.

Read more at https://mscylichtarazona.com/.

www.ingramcontent.com/pod-product-compliance
Lightning Source LLC
LaVergne TN
LVHW051115051026
849532LV00004BB/1548